Dedicado a los que quieren intentarlo...

...y alguno lo consigue!

Christian Schio

WINDOWS
AL MAXIMO

Soluciones y Secretos para Optimizar Windows 10 y 11

"Windows al Máximo: Soluciones y Secretos para Optimizar Windows 10 y Windows 11"

by Christian Francesco Schio

Lanzarote - 2023

El objetivo de este libro es proporcionar una guía amigable y fácil de entender para usuarios de Windows 10 y Windows 11, independientemente de su nivel de experiencia técnica. Entendemos que, a veces, lidiar con problemas informáticos puede ser confuso y frustrante, por lo que queremos ayudarte a solucionar esos problemas de una manera simple y accesible. Imagina que este libro es como un amigo que siempre está ahí para echarte una mano cuando tienes dificultades con tu ordenador.

Intro

¡Bienvenidos a la era digital! Hoy en día, nuestros ordenadores son herramientas esenciales para realizar la mayoría de nuestras tareas diarias. Sin embargo, con la evolución tecnológica, también surgen errores y problemas informáticos que pueden dificultar el uso de nuestros equipos. Para aquellos que buscan soluciones prácticas y efectivas a estos problemas, tenemos el placer de presentar "Windows al Máximo", un libro escrito por Christian Schio, experto en tecnología y solución de problemas informáticos.

Este libro está diseñado para ayudar a los usuarios de Windows a solucionar los problemas más comunes y mejorar su experiencia informática. Con una presentación sencilla y fácil de entender, Christian Schio guía al lector a través de una variedad de temas que van desde la solución de errores de instalación y actualización, hasta la solución de problemas de conectividad y redes, problemas de hardware y otros errores informáticos que pueden afectar el rendimiento de un ordenador.

"Windows al Máximo" se enfoca en enseñar a los usuarios cómo solucionar problemas de manera eficiente y efectiva, y en darles las herramientas necesarias para mantener su sistema operativo Windows actualizado y optimizado. Además, el libro proporciona una guía completa sobre cómo actualizar, desinstalar y reinstalar controladores de dispositivos, una tarea crucial para mantener un buen funcionamiento del hardware.

Christian Schio ha utilizado su amplia experiencia en el mundo de la tecnología para escribir un libro que es accesible y fácil de seguir para usuarios de todos los niveles de experiencia en informática. "Windows al Máximo" es un recurso valioso para cualquier persona que quiera mejorar su experiencia informática y maximizar el potencial de su ordenador. No importa si eres un usuario novato o experimentado, este libro te ayudará a resolver problemas y mejorar el rendimiento de tu equipo.

Así que, si estás cansado de lidiar con errores informáticos y te gustaría mejorar la eficiencia y el rendimiento de tu ordenador, no dudes en leer "Windows al Máximo" de Christian Schio. Este libro te llevará paso a paso a través de los problemas más comunes y te proporcionará soluciones efectivas que te ayudarán a aprovechar al máximo tu experiencia informática. ¡No esperes más y adquiere tu copia hoy mismo!

Introducción

Breve historia de Windows 10 y Windows 11

Origen y evolución de Windows:

La historia de Windows comenzó en los años 80 cuando Microsoft, la compañía fundada por Bill Gates y Paul Allen, decidió crear un sistema operativo que facilitara el uso de las computadoras personales. Hasta ese momento, la mayoría de las personas interactuaban con las computadoras a través de interfaces de texto, que podían ser bastante difíciles de usar para el usuario promedio. Entonces, la idea detrás de Windows era ofrecer una interfaz gráfica más amigable e intuitiva.

En 1985, Microsoft lanzó la primera versión de Windows, llamada Windows 1.0. Aunque fue un comienzo modesto, este sistema operativo sentó las bases para las futuras versiones de Windows. Con el tiempo, Microsoft fue mejorando y ampliando las capacidades de Windows, lanzando versiones más avanzadas y potentes como Windows 3.1 y Windows 95.

Windows 95 fue un punto de inflexión en la historia de Windows. Esta versión trajo consigo una gran cantidad de mejoras y características nuevas, como el botón de inicio, la barra de tareas y el menú de inicio, que se convirtieron en elementos básicos de las futuras versiones de Windows.

A medida que avanzaba el tiempo, Microsoft continuó desarrollando nuevas versiones de Windows, como Windows 98, Windows 2000, Windows XP y Windows Vista. Cada versión introdujo nuevas características y mejoras, pero también tuvo sus propios desafíos y problemas.

Windows XP, lanzado en 2001, fue una versión especialmente exitosa y popular, ya que ofrecía una gran estabilidad y rendimiento junto con un diseño atractivo. Sin embargo, Windows Vista, lanzado en 2006, no tuvo el mismo éxito y fue objeto de muchas críticas debido a problemas de rendimiento y compatibilidad.

Microsoft aprendió de los errores de Windows Vista y lanzó Windows 7 en 2009, una versión que fue muy bien recibida por su rendimiento y facilidad de uso. Posteriormente, en 2012, se lanzó Windows 8, que intentó un enfoque más innovador al fusionar las interfaces táctiles y de escritorio, pero no fue del agrado de todos los usuarios.

Para abordar las críticas de Windows 8, Microsoft lanzó Windows 10 en 2015, prometiendo una versión más refinada y mejorada del sistema operativo. Windows 10 incorporó lo mejor de Windows 7 y Windows 8, ofreciendo una experiencia de usuario más familiar y adaptable. Además, introdujo un enfoque de "Windows como servicio", en el cual el sistema operativo se actualiza continuamente en lugar de lanzar nuevas versiones de forma separada.

Windows 10 fue un gran avance en la historia de Windows. Microsoft introdujo un enfoque de "Windows como servicio", lo que significa que, en lugar de lanzar nuevas versiones de Windows, la empresa se centraría en actualizar y mejorar continuamente Windows 10. Con características como Cortana, el asistente personal virtual, y el soporte para aplicaciones universales, Windows 10 se convirtió en un sistema operativo versátil y poderoso.

Finalmente, en 2021, Microsoft sorprendió al mundo al anunciar Windows 11, a pesar de haber afirmado previamente que Windows 10 sería la última versión de Windows. Con un diseño moderno y elegante, mejoras en el rendimiento y nuevas funcionalidades, Windows 11 busca llevar la experiencia de usuario a un nivel superior.

A lo largo de los años, Windows ha pasado de ser una simple interfaz gráfica a convertirse en un sistema operativo robusto y sofisticado que millones de personas utilizan a diario en todo el mundo. A pesar de los desafíos y la competencia en el mundo de la tecnología, Windows ha demostrado ser un producto innovador y duradero que sigue adaptándose a las necesidades cambiantes de sus usuarios.

Hoy en día, tanto Windows 10 como Windows 11 ofrecen una amplia gama de características y herramientas que facilitan el trabajo, el entretenimiento y la comunicación en las computadoras. Desde la administración de archivos hasta la navegación web, pasando por la edición de fotos y videos, las posibilidades son prácticamente infinitas. Y con el apoyo continuo de Microsoft, los usuarios pueden esperar aún más mejoras y novedades en el futuro.

La historia de Windows es una historia de innovación, adaptación y éxito. Con cada nueva versión, el sistema operativo ha cambiado y evolucionado para satisfacer las demandas de un mundo cada vez más digitalizado. A través de este libro, nuestro objetivo es ayudar a los usuarios a aprovechar al máximo las capacidades de Windows 10 y Windows 11, solucionando problemas comunes y mejorando el rendimiento y la apariencia de sus sistemas para una experiencia informática aún más gratificante.

Evolución desde versiones anteriores, como Windows 7 y Windows 8/8.1.

En el transcurso de su historia, Windows ha experimentado una evolución constante, adaptándose a los cambios en la tecnología y las expectativas de los usuarios. La transición desde Windows 7 y Windows 8/8.1 hasta las versiones actuales de Windows 10 y Windows 11 es un capítulo interesante en este viaje de innovación y progreso.

Windows 7, lanzado en 2009, fue un soplo de aire fresco para los usuarios de PC de todo el mundo. Con un diseño visualmente atractivo y una interfaz fácil de usar, Windows 7 dejó atrás los problemas de su predecesor, Windows Vista, y se convirtió rápidamente en una de las versiones más populares y confiables de Windows. Además de su apariencia, Windows 7 ofrecía mejoras en el rendimiento, la estabilidad y la compatibilidad con el hardware, lo que lo hacía ideal para una amplia variedad de usuarios, desde principiantes hasta profesionales.

Luego vino Windows 8 en 2012, una versión que intentó cambiar el paradigma y fusionar el mundo de las tabletas y las PC en un solo sistema operativo. Con su audaz y colorida pantalla de inicio, compuesta por "tiles" interactivos, Windows 8 marcó un cambio drástico en comparación con Windows 7. El menú de inicio clásico fue reemplazado por esta nueva interfaz, lo que causó cierta confusión y resistencia entre los usuarios acostumbrados al formato tradicional.

Windows 8.1, lanzado en 2013, fue una respuesta a las críticas y preocupaciones de los usuarios. Esta actualización trajo consigo mejoras en la interfaz, incluido el regreso del botón de Inicio y la posibilidad de iniciar directamente en el escritorio tradicional en lugar de la pantalla de inicio con "tiles". Además, Windows 8.1 ofreció mejoras en el rendimiento, la estabilidad y la personalización, lo que facilitó la transición para aquellos que aún usaban Windows 7.

Finalmente, en 2015, Microsoft lanzó Windows 10, una versión que combinó lo mejor de Windows 7 y Windows 8/8.1 en un sistema operativo unificado y moderno. Windows 10 trajo de vuelta el menú de inicio, aunque en una forma renovada que incorporaba los "tiles" de Windows 8, permitiendo a los usuarios disfrutar de lo mejor de ambos mundos. Además, Windows 10 introdujo características innovadoras, como el asistente virtual Cortana, el navegador Microsoft Edge y la posibilidad de utilizar aplicaciones universales en todos los dispositivos Windows.

La evolución desde Windows 7 y Windows 8/8.1 hasta Windows 10 y, posteriormente, Windows 11, demuestra el compromiso de Microsoft con la innovación y la adaptación a las necesidades cambiantes de los usuarios. A lo largo de los años, Windows ha evolucionado de una manera que combina lo familiar y lo nuevo, ofreciendo una experiencia informática que es a la vez cómoda y emocionante. A medida que continuamos explorando las características y capacidades de Windows 10 y Windows 11 en este libro, es importante recordar el legado y la trayectoria que nos ha llevado hasta aquí, y cómo la evolución de Windows ha influido en la forma en que interactuamos con nuestras computadoras en la actualidad.

Lanzamiento de Windows 10:

El lanzamiento de Windows 10 marcó un hito en la historia de Microsoft y en la evolución de los sistemas operativos. Esta versión se lanzó oficialmente el 29 de julio de 2015 y llegó con la promesa de cambiar la forma en que los usuarios interactúan con sus computadoras. Windows 10 fue diseñado para ser un sistema operativo versátil y fácil de usar, que ofreciera mejoras significativas en comparación con sus predecesores, Windows 7 y Windows 8/8.1.

Una de las características clave y novedades introducidas con Windows 10 fue el regreso del menú de inicio, que había sido muy solicitado por los usuarios. Este menú de inicio renovado combinaba el diseño familiar de Windows 7 con los "tiles" interactivos de Windows 8, lo que permitía a los usuarios acceder rápidamente a sus aplicaciones y programas favoritos, así como obtener información actualizada en tiempo real.

Otra innovación importante en Windows 10 fue la introducción de Cortana, el asistente virtual de Microsoft. Cortana ayudó a los usuarios a realizar tareas cotidianas de manera más eficiente, como buscar información en la web, programar recordatorios, enviar correos electrónicos y mucho más. Cortana se convirtió en una herramienta útil para aquellos que deseaban una experiencia informática más personalizada y asistida.

Windows 10 también trajo consigo el nuevo navegador web, Microsoft Edge, que reemplazó al antiguo y desactualizado Internet Explorer. Edge fue diseñado para ser más rápido, seguro y compatible con los estándares web modernos. Además, Edge incluía funciones únicas, como la posibilidad de tomar notas directamente en las páginas web y compartirlas con otros usuarios.

Una característica revolucionaria de Windows 10 fue su enfoque en las aplicaciones universales. Estas aplicaciones fueron diseñadas para funcionar en todos los dispositivos Windows, incluidos PC, tabletas y teléfonos inteligentes. Esto simplificó la experiencia del usuario al permitirles acceder a sus aplicaciones y datos en cualquier dispositivo, en cualquier momento y lugar.

Windows 10 también mejoró la experiencia de juego para los usuarios, al introducir la función de transmisión de juegos de Xbox One a la PC. Esto permitió a los jugadores disfrutar de sus juegos de Xbox One favoritos directamente en sus computadoras, proporcionando una experiencia de juego más versátil y cómoda.

En cuanto a la seguridad, Windows 10 implementó Windows Hello, una función que permitía a los usuarios iniciar sesión en sus dispositivos utilizando reconocimiento facial, de iris o de huellas dactilares en lugar de contraseñas. Esto proporcionó una forma más segura y conveniente de proteger la información personal y los datos de los usuarios.

Por último, pero no menos importante, Windows 10 adoptó un enfoque de "Windows como servicio", lo que significa que, en lugar de lanzar versiones completamente nuevas del sistema operativo, Microsoft se centraría en actualizar y mejorar Windows 10 de forma continua a través de actualizaciones periódicas. Esto aseguró que los usuarios siempre tuvieran acceso a las últimas características, mejoras y correcciones de seguridad.

Enfoque en la actualización continua y el concepto de "Windows como servicio".

El concepto de "Windows como servicio" es una nueva forma en que Microsoft aborda el desarrollo y la distribución de su sistema operativo Windows. En lugar de lanzar versiones completamente nuevas de Windows cada pocos años, como solían hacer en el pasado, ahora se centran en actualizar y mejorar la versión existente, en este caso, Windows 10.

Este enfoque en la actualización continua significa que los usuarios reciben actualizaciones periódicas y automáticas para su sistema operativo. Estas actualizaciones pueden incluir nuevas características, mejoras en el rendimiento, correcciones de errores y parches de seguridad.

Así, en lugar de esperar años para obtener una nueva versión de Windows con todas las novedades, los usuarios pueden disfrutar de mejoras y cambios de manera regular y constante.

"Windows como servicio" también simplifica el proceso para los usuarios y las empresas. Ya no es necesario comprar y reinstalar una nueva versión de Windows cada vez que se lanza; en cambio, las actualizaciones se entregan automáticamente y, en muchos casos, de forma gratuita. Esto facilita que los usuarios mantengan sus sistemas actualizados y protegidos, y reduce el tiempo y el esfuerzo necesarios para adaptarse a una nueva versión del sistema operativo.

En resumen, el concepto de "Windows como servicio" significa que Windows 10 (y posteriormente Windows 11) se actualiza y mejora de forma continua, en lugar de lanzar versiones completamente nuevas cada pocos años. Esto permite a los usuarios disfrutar de las últimas innovaciones y mejoras de manera regular, y facilita el mantenimiento y la protección de sus sistemas.

Lanzamiento de Windows 11:

El lanzamiento de Windows 11, que tuvo lugar el 5 de octubre de 2021, marcó el comienzo de una nueva era para Microsoft y sus sistemas operativos. Después del éxito de Windows 10 y su enfoque en la actualización continua, Windows 11 llegó como una sorpresa para muchos. Este nuevo sistema operativo se diseñó para ofrecer una experiencia de usuario aún más refinada y moderna, con mejoras en la interfaz, el rendimiento y las características.

Una de las novedades más notables de Windows 11 es su diseño renovado y elegante. El menú de inicio y la barra de tareas se han rediseñado por completo, ofreciendo una apariencia más limpia y atractiva. El menú de inicio ahora se encuentra en el centro de la pantalla, junto con los iconos de las aplicaciones, lo que facilita el acceso y la navegación. Además, Windows 11 incluye nuevos temas, iconos y animaciones que brindan una experiencia visual más agradable.

Otra característica clave de Windows 11 es la mejora en la administración de ventanas y el multitasking. Con funciones como Snap Layouts y Snap Groups, los usuarios pueden organizar y administrar fácilmente varias ventanas abiertas en su escritorio. Además, Windows 11 introduce los "escritorios virtuales", que permiten a los usuarios crear espacios de trabajo separados para diferentes tareas o proyectos, facilitando la organización y la productividad.

En cuanto a la compatibilidad con aplicaciones, Windows 11 trae una gran novedad: la posibilidad de ejecutar aplicaciones de Android en la PC. Gracias a la Microsoft Store rediseñada y la integración con la plataforma Amazon Appstore, los usuarios de Windows 11 pueden instalar y utilizar aplicaciones de Android en sus computadoras, lo que amplía aún más las posibilidades de software y entretenimiento.

Windows 11 también mejora la experiencia de juego, al incluir nuevas tecnologías como Auto HDR y DirectStorage. Auto HDR mejora automáticamente la calidad visual de los juegos compatibles, mientras que DirectStorage permite un rendimiento y tiempos de carga más rápidos para los juegos. Además, Windows 11 refuerza la integración con Xbox Game Pass, ofreciendo a los jugadores acceso a un amplio catálogo de juegos a través de una suscripción mensual.

En cuanto a la productividad, Windows 11 introduce Microsoft Teams directamente en la barra de tareas, facilitando la comunicación y colaboración con amigos, familiares y colegas. Con un solo clic, los usuarios pueden unirse a videollamadas, enviar mensajes y compartir archivos a través de Teams.

Por último, Windows 11 incluye mejoras en el rendimiento y la eficiencia energética, lo que se traduce en un sistema operativo más rápido y con menor consumo de recursos. Esto es especialmente útil para dispositivos móviles, como laptops y tabletas, ya que prolonga la duración de la batería y mejora la experiencia de uso.

Requisitos de hardware y compatibilidad con dispositivos existentes.

El concepto de requisitos de hardware y compatibilidad con dispositivos existentes en Windows 11 se refiere a las especificaciones mínimas que un ordenador debe cumplir para poder instalar y ejecutar el nuevo sistema operativo de Microsoft. Estos requisitos garantizan que Windows 11 funcione correctamente y ofrezca una buena experiencia de usuario.

Para instalar y utilizar Windows 11, los dispositivos deben cumplir con ciertos requisitos de hardware. A continuación, se detallan los requisitos mínimos en modo simple y claro:

Procesador: Windows 11 requiere un procesador de 64 bits con al menos 1 GHz de velocidad y 2 o más núcleos. Esto asegura que el sistema operativo tenga suficiente potencia de procesamiento para ejecutar aplicaciones y realizar tareas.

Memoria RAM: Se necesita un mínimo de 4 GB de memoria RAM para que Windows 11 funcione correctamente y permita realizar múltiples tareas al mismo tiempo.

Almacenamiento: Windows 11 requiere al menos 64 GB de espacio libre en el disco duro para su instalación y almacenamiento de archivos y aplicaciones.

Tarjeta gráfica: Se necesita una tarjeta gráfica compatible con DirectX 12 y con un controlador WDDM 2.0. Esto garantiza que Windows 11 pueda mostrar gráficos y animaciones de alta calidad.

Pantalla: La pantalla debe tener al menos una resolución de 720p y ser de 9 pulgadas o más en diagonal con una relación de aspecto de 16:9. Esto asegura una buena calidad de imagen y legibilidad en la pantalla.

TPM (Módulo de plataforma segura): Windows 11 requiere TPM versión 2.0, un componente de hardware que ayuda a proteger la información y garantizar la seguridad del sistema.

UEFI y Secure Boot: El dispositivo debe ser compatible con el firmware UEFI y tener habilitado el arranque seguro (Secure Boot). Estas características mejoran la seguridad y el proceso de inicio del sistema operativo.

La compatibilidad con dispositivos existentes en Windows 11 significa que algunos dispositivos que ejecutan Windows 10 podrán actualizarse a Windows 11 si cumplen con estos requisitos de hardware. Sin embargo, es importante tener en cuenta que no todos los dispositivos con Windows 10 serán compatibles con Windows 11 debido a estas especificaciones mínimas.

Los requisitos de hardware y la compatibilidad con dispositivos existentes en Windows 11 se refieren a las especificaciones mínimas que un ordenador debe cumplir para instalar y ejecutar el nuevo sistema operativo. Estos requisitos garantizan un buen rendimiento y una experiencia de usuario agradable en Windows 11. Si estás considerando actualizar a Windows 11, es importante verificar si tu dispositivo cumple con estos requisitos antes de intentar la actualización.

Comparación de características entre Windows 10 y Windows 11:

Comparar Windows 10 y Windows 11 nos permite entender las similitudes y diferencias entre estos dos sistemas operativos en términos de interfaz de usuario, funcionalidades y rendimiento. Esto puede ayudar a los usuarios a tomar una decisión informada sobre si actualizar a Windows 11 o mantenerse en Windows 10.

Interfaz de usuario:

Tanto Windows 10 como Windows 11 comparten ciertas similitudes en su interfaz, como el uso de "tiles" y aplicaciones universales. Sin embargo, hay diferencias notables en el diseño y la disposición de los elementos en la pantalla.

Windows 10 presenta un menú de inicio que combina la lista de aplicaciones con "tiles" interactivos. Por otro lado, Windows 11 introduce un menú de inicio centrado en la pantalla con íconos más grandes y un diseño más simplificado. Además, Windows 11 cuenta con esquinas redondeadas en las ventanas y menús, lo que le da una apariencia más moderna y atractiva.

Funcionalidades:

Ambos sistemas operativos ofrecen características similares, como Cortana, el navegador Microsoft Edge y la compatibilidad con aplicaciones universales. No obstante, Windows 11 introduce algunas novedades que pueden resultar atractivas para ciertos usuarios:

Snap Layouts y Snap Groups: Estas funciones facilitan la organización y gestión de ventanas abiertas en el escritorio, permitiendo a los usuarios trabajar de manera más eficiente en múltiples aplicaciones al mismo tiempo.

Integración de Microsoft Teams: Windows 11 incluye una integración nativa con Microsoft Teams, lo que facilita la comunicación y colaboración con amigos, familiares y colegas directamente desde el escritorio.

Nuevas funciones de la Microsoft Store: La Microsoft Store en Windows 11 ha sido rediseñada y ofrece una mejor experiencia de usuario y una mayor selección de aplicaciones y contenido.

Rendimiento:

Windows 11 promete mejoras en el rendimiento, especialmente en lo que respecta a la velocidad de inicio, la eficiencia energética y la capacidad de respuesta del sistema operativo. Sin embargo, es importante tener en cuenta que estas mejoras pueden variar según el hardware y las configuraciones específicas de cada dispositivo.

Razones para actualizar a Windows 11 o mantenerse en Windows 10:

Actualizar a Windows 11 puede ser beneficioso para aquellos usuarios que deseen disfrutar de las últimas características, una interfaz de usuario renovada y mejoras en el rendimiento. Sin embargo, es crucial verificar si el dispositivo cumple con los requisitos mínimos de hardware antes de actualizar.

Por otro lado, mantenerse en Windows 10 puede ser una opción adecuada para aquellos que prefieren una experiencia de usuario más familiar o que tienen dispositivos que no cumplen con los requisitos de hardware para Windows 11. Cabe destacar que Microsoft continuará brindando soporte y actualizaciones de seguridad para Windows 10 hasta el 14 de octubre de 2025.

Objetivo y propósito del libro:

El objetivo de este libro es proporcionar una guía amigable y fácil de entender para usuarios de Windows 10 y Windows 11, independientemente de su nivel de experiencia técnica. Entendemos que, a veces, lidiar con problemas informáticos puede ser confuso y frustrante, por lo que queremos ayudarte a solucionar esos problemas de una manera simple y accesible. Imagina que este libro es como un amigo que siempre está ahí para echarte una mano cuando tienes dificultades con tu ordenador.

Uno de los propósitos principales de este libro es enseñarte cómo solucionar los problemas más comunes que pueden surgir al usar Windows 10 y Windows 11. A lo largo del libro, abordaremos varios errores y problemas que podrías encontrar en tu día a día y te proporcionaremos soluciones paso a paso para que puedas resolverlos fácilmente. Esto no solo te ayudará a mantener tu ordenador funcionando sin problemas, sino que también te dará la confianza para abordar futuros problemas que puedas encontrar.

Además de solucionar problemas, este libro también se centra en mejorar el rendimiento y la apariencia de tu sistema operativo Windows. Te mostraremos trucos y consejos útiles para optimizar el rendimiento de tu ordenador, lo que hará que funcione más rápido y eficientemente. Esto puede ser especialmente útil si utilizas tu ordenador para tareas que requieren mucha potencia, como la edición de fotos o vídeos, o si simplemente deseas que tu PC funcione de la mejor manera posible.

En cuanto a la apariencia, también exploraremos las diferentes formas en que puedes personalizar y mejorar la estética de tu sistema operativo Windows. Te guiaremos a través de la configuración de temas, fondos de pantalla, iconos y mucho más para que puedas hacer que tu ordenador se vea exactamente como deseas.

El objetivo y propósito de este libro es ayudarte a solucionar problemas comunes y mejorar el rendimiento y la apariencia de tu sistema Windows 10 o Windows 11. Queremos que te sientas seguro y cómodo al usar tu ordenador, y que aproveches al máximo todas las funciones y capacidades que estos sistemas operativos tienen para ofrecer. Así que, toma este libro como un amigo y compañero en tu viaje por el mundo de Windows, y juntos haremos que tu experiencia informática sea más agradable y gratificante.

Importancia de mantener Windows actualizado y optimizado:

Mantener tu sistema operativo Windows actualizado y optimizado es fundamental en el mundo digital de hoy en día. Si alguna vez te has preguntado por qué es tan importante, permíteme compartir contigo los beneficios de tener un sistema operativo bien mantenido y actualizado, y cómo este libro puede ayudarte a lograrlo.

En primer lugar, la seguridad es un aspecto crucial en el mundo digital actual. Todos los días, se desarrollan nuevas amenazas y vulnerabilidades que podrían poner en riesgo tu información personal y la integridad de tu ordenador. Mantener Windows actualizado garantiza que tu sistema esté protegido contra las últimas amenazas y que se solucionen las vulnerabilidades conocidas. Además, un sistema operativo bien mantenido incluye un software antivirus y antimalware actualizado, que te protegerá de las amenazas cibernéticas más recientes.

La estabilidad es otro factor importante que se beneficia al mantener tu sistema operativo actualizado y optimizado. Las actualizaciones de Windows a menudo incluyen correcciones de errores y mejoras en la estabilidad que hacen que tu ordenador funcione sin problemas. Al seguir las recomendaciones de este libro, aprenderás cómo solucionar problemas comunes y prevenir bloqueos del sistema, lo que te permitirá disfrutar de una experiencia informática más fiable.

El rendimiento también es esencial para cualquier usuario de ordenador, ya sea que uses tu PC para trabajar, estudiar o entretenerte. Un sistema operativo bien mantenido y optimizado asegurará que tu ordenador funcione de manera eficiente y rápida. A través de las sugerencias y trucos de este libro, aprenderás cómo mejorar el rendimiento de tu sistema, reduciendo el tiempo de inicio, optimizando el uso de la memoria y acelerando las aplicaciones.

En el contexto de las crecientes demandas de productividad y seguridad en el mundo digital actual, este libro adquiere especial relevancia. Te ayudará a mantener tu sistema operativo Windows en óptimas condiciones, lo que te permitirá realizar tus tareas de manera eficiente y segura. Al seguir las pautas y consejos presentados en este libro, estarás bien preparado para enfrentar los desafíos del mundo digital y aprovechar al máximo tu ordenador.

Mantener tu sistema operativo Windows actualizado y optimizado es esencial para garantizar la seguridad, la estabilidad y el rendimiento de tu ordenador. Este libro te guiará en el proceso de mantener y mejorar tu sistema, lo que te permitirá enfrentar con confianza las crecientes demandas de productividad y seguridad en el mundo digital actual. Así que, únete a nosotros en este viaje y juntos haremos que tu experiencia informática sea más segura y eficiente.

ERRORES

Aquí tienes una lista de algunos de los errores de instalación y actualización más comunes en Windows 10 y Windows 11:

Fallo en la descarga de la actualización: A veces, las actualizaciones no se descargan correctamente debido a problemas de conexión a Internet o interrupciones en el servidor de Microsoft.

Espacio insuficiente en el disco duro: La falta de espacio en el disco duro puede impedir la instalación de actualizaciones o la actualización a una nueva versión de Windows.

Errores en la compatibilidad del hardware: Si el hardware de tu ordenador no cumple con los requisitos mínimos para una actualización específica, la instalación podría fallar.

Controladores obsoletos o incompatibles: Los controladores de dispositivos obsoletos o incompatibles pueden causar problemas durante la instalación o actualización del sistema operativo.

Archivos de sistema dañados o corruptos: Si los archivos de sistema de Windows están dañados o corruptos, esto puede generar problemas en la instalación o actualización.

Conflictos de software: Algunos programas o aplicaciones instaladas en tu ordenador pueden interferir con el proceso de instalación o actualización de Windows.

Errores en el Registro de Windows: Problemas en el Registro de Windows, como entradas incorrectas o corruptas, pueden causar dificultades en la instalación o actualización del sistema operativo.

Interferencia de software de seguridad: El software antivirus o de seguridad en tu ordenador podría bloquear o interferir en el proceso de instalación o actualización de Windows.

Configuración incorrecta de la BIOS/UEFI: La configuración de la BIOS/UEFI de tu ordenador puede afectar la instalación o actualización de Windows, especialmente si no está configurada correctamente para admitir la nueva versión del sistema operativo.

Problemas en la actualización de características: Algunas actualizaciones de características pueden causar problemas de compatibilidad con aplicaciones o hardware existentes, lo que podría llevar a un fallo en la instalación o actualización.

Estos son solo algunos ejemplos de errores de instalación y actualización comunes que podrías enfrentar al usar Windows 10 o Windows 11. En el libro, abordaremos estas cuestiones y proporcionaremos soluciones y consejos para resolverlas y evitar que vuelvan a ocurrir.

Fallo en la descarga de la actualización:

Si te encuentras con problemas al descargar actualizaciones en tu sistema operativo Windows, hay varias soluciones simples y precisas que puedes seguir para resolver estos problemas. A continuación, te mencionamos algunas de las soluciones más efectivas:

Verifica tu conexión a Internet: Lo primero que debes hacer es asegurarte de que estés conectado a Internet y que la conexión sea estable. Puedes comprobar esto abriendo tu navegador web y visitando algunos sitios web. Si encuentras dificultades para navegar por la web, intenta reiniciar tu router o módem, o conectarte a una red diferente.

Ejecuta el solucionador de problemas de Windows Update: Windows incluye una herramienta de solución de problemas específica para las actualizaciones. Para ejecutarla, sigue estos pasos:

a. Haz clic en el botón de "Inicio" y selecciona "Configuración" (ícono de engranaje).

b. Dirígete a "Actualización y seguridad" y luego selecciona "Solucionar problemas".

c. Haz clic en "Actualizaciones de Windows" y luego en "Ejecutar el solucionador de problemas". La herramienta buscará y resolverá cualquier problema que encuentre con las actualizaciones de Windows.

Reinicia el servicio de Windows Update: A veces, el servicio de Windows Update puede atascarse, causando problemas en la descarga de actualizaciones. Para reiniciar el servicio, sigue estos pasos:

a. Haz clic con el botón derecho en el botón de "Inicio" y selecciona "Ejecutar" (o presiona las teclas "Windows" + "R").

b. Escribe "services.msc" (sin las comillas) en el cuadro de diálogo y presiona Enter.

c. En la lista de servicios, busca "Windows Update" y haz clic con el botón derecho en él. Selecciona "Detener" y espera unos segundos.

d. Luego, haz clic nuevamente con el botón derecho en "Windows Update" y selecciona "Iniciar". Esto reiniciará el servicio de Windows Update y debería resolver cualquier problema con las descargas de actualizaciones.

Borra la carpeta de archivos temporales de actualización: A veces, los archivos temporales de actualización pueden estar dañados o incompletos, lo que provoca problemas en la descarga de actualizaciones. Para borrar estos archivos, sigue estos pasos:

a. Abre el "Explorador de archivos" y navega a la siguiente ruta: C:\Windows\SoftwareDistribution\Download

b. Selecciona todos los archivos y carpetas dentro de la carpeta "Download" y elimínalos. No te preocupes, estos archivos son temporales y Windows los volverá a descargar cuando intentes actualizar nuevamente.

Establece una conexión por cable: Si estás utilizando una conexión inalámbrica, es posible que experimentes interrupciones o lentitud en la descarga de actualizaciones. Intenta conectar tu ordenador a la red utilizando un cable Ethernet para garantizar una conexión más estable.

Espera e intenta nuevamente más tarde: En ocasiones, los servidores de Microsoft pueden experimentar interrupciones temporales o estar sobrecargados. Si has intentado todos los pasos anteriores y sigues experimentando problemas, considera esperar unas horas o un día antes de intentarlo nuevamente. Es posible que el problema se deba a un problema temporal con los servidores de Microsoft y se solucione por sí solo con el tiempo.

Configura las opciones de actualización: Puedes intentar ajustar las opciones de actualización en Windows para asegurarte de que estás recibiendo las actualizaciones correctamente. Para hacer esto, sigue estos pasos:

a. Haz clic en el botón de "Inicio" y selecciona "Configuración" (ícono de engranaje).

b. Dirígete a "Actualización y seguridad" y luego selecciona "Opciones avanzadas".

c. Aquí, asegúrate de que la opción "Descargar actualizaciones de otros dispositivos" esté desactivada. Esto garantizará que las actualizaciones se descarguen directamente desde los servidores de Microsoft.

Restablece los componentes de Windows Update: Si aún no puedes descargar las actualizaciones correctamente, puedes intentar restablecer los componentes de Windows Update utilizando la línea de comandos. Para hacer esto, sigue estos pasos:

a. Haz clic con el botón derecho en el botón de "Inicio" y selecciona "Símbolo del sistema (administrador)" o "Windows PowerShell (administrador)".

b. En la ventana de la línea de comandos, ejecuta los siguientes comandos uno por uno, presionando Enter después de cada uno:

```
net stop wuauserv

net stop cryptSvc

net stop bits

net stop msiserver

ren                    C:\Windows\SoftwareDistribution
SoftwareDistribution.old

ren C:\Windows\System32\catroot2 catroot2.old

net start wuauserv

net start cryptSvc

net start bits

net start msiserver
```

Estos comandos detendrán los servicios relacionados con las actualizaciones, renombrarán las carpetas de actualizaciones y catroot2 y luego reiniciarán los servicios. Este proceso restablecerá los componentes de Windows Update y podría solucionar los problemas de descarga de actualizaciones.

Una vez que hayas intentado estas soluciones, verifica si las actualizaciones se descargan e instalan correctamente en tu sistema. Si sigues enfrentando problemas, es posible que debas considerar la posibilidad de buscar ayuda adicional a través de foros de soporte técnico o contactar al soporte de Microsoft.

Espacio insuficiente en el disco duro:

Si te encuentras con problemas para instalar actualizaciones o actualizar a una nueva versión de Windows debido a la falta de espacio en el disco duro, hay varias soluciones simples y precisas que puedes seguir para liberar espacio y resolver estos problemas. A continuación, te mencionamos algunas de las soluciones más efectivas:

Usa la herramienta Liberador de espacio en disco: Windows incluye una herramienta útil llamada "Liberador de espacio en disco" que puede ayudarte a eliminar archivos temporales, archivos de sistema y otros elementos innecesarios que ocupan espacio en tu disco duro. Para usar esta herramienta, sigue estos pasos:

a. Haz clic con el botón derecho en el botón de "Inicio" y selecciona "Ejecutar" (o presiona las teclas "Windows" + "R").

b. Escribe "cleanmgr" (sin las comillas) en el cuadro de diálogo y presiona Enter.

c. Selecciona la unidad en la que deseas liberar espacio (normalmente, la unidad C:) y haz clic en "Aceptar".

d. La herramienta analizará la unidad y te mostrará una lista de archivos que puedes eliminar de forma segura. Selecciona los elementos que deseas eliminar y haz clic en "Aceptar" para liberar espacio en el disco.

Desinstala programas y aplicaciones no utilizados: A menudo, acumulamos programas y aplicaciones que ya no usamos o que ocupan mucho espacio en el disco duro. Puedes desinstalar estos programas para liberar espacio. Para hacerlo, sigue estos pasos:

a. Haz clic en el botón de "Inicio" y selecciona "Configuración" (ícono de engranaje).

b. Dirígete a "Aplicaciones" y luego selecciona "Aplicaciones y características".

c. Revisa la lista de aplicaciones instaladas y busca aquellas que ya no usas o que ocupan mucho espacio. Haz clic en la aplicación que deseas desinstalar y selecciona "Desinstalar". Sigue las instrucciones en pantalla para completar el proceso.

Elimina archivos y carpetas innecesarios: Revisa tus carpetas personales, como "Documentos", "Descargas", "Imágenes" y "Videos", y elimina cualquier archivo que ya no necesites o que puedas respaldar en otro lugar, como un disco duro externo o un servicio de almacenamiento en la nube.

Usa la herramienta de Almacenamiento de Windows: Windows 10 y Windows 11 incluyen una función llamada "Almacenamiento" que te permite gestionar el espacio en el disco y liberar espacio automáticamente. Para activar esta función, sigue estos pasos:

a. Haz clic en el botón de "Inicio" y selecciona "Configuración" (ícono de engranaje).

b. Dirígete a "Sistema" y luego selecciona "Almacenamiento".

c. Activa la opción "Almacenamiento" y personaliza las opciones según tus preferencias. Por ejemplo, puedes configurar Windows para eliminar automáticamente los archivos temporales o vaciar la papelera de reciclaje después de un período determinado.

Mueve archivos a otra unidad o dispositivo de almacenamiento: Si tienes un segundo disco duro, una unidad USB o un disco duro externo, considera mover archivos y carpetas importantes a ese dispositivo para liberar espacio en el disco duro principal de tu ordenador. Para hacer esto, simplemente selecciona los archivos o carpetas que deseas mover, haz clic con el botón derecho y elige "Cortar" (o presiona "Ctrl" + "X"). Luego, navega hasta la ubicación en la que deseas guardar estos archivos en el dispositivo de almacenamiento externo, haz clic con el botón derecho y selecciona "Pegar" (o presiona "Ctrl" + "V").

Comprime archivos y carpetas: Puedes comprimir archivos y carpetas para reducir el espacio que ocupan en el disco duro. Windows incluye una herramienta integrada para comprimir archivos llamada "Compresor de archivos". Para comprimir archivos o carpetas, sigue estos pasos:

a. Selecciona los archivos o carpetas que deseas comprimir.

b. Haz clic con el botón derecho en los elementos seleccionados y elige "Enviar a" > "Carpeta comprimida (en zip)".

c. Windows creará una nueva carpeta comprimida en la misma ubicación que los archivos originales. Puedes eliminar los archivos originales una vez que hayas confirmado que la carpeta comprimida se ha creado correctamente y contiene todos los archivos necesarios.

Elimina puntos de restauración antiguos y copias de seguridad: Los puntos de restauración del sistema y las copias de seguridad pueden ocupar una cantidad significativa de espacio en el disco duro. Puedes eliminar puntos de restauración antiguos y copias de seguridad innecesarias utilizando la herramienta Liberador de espacio en disco. Para hacer esto, sigue los pasos del punto 1 y, en la ventana del Liberador de espacio en disco, haz clic en "Limpiar archivos del sistema". A continuación, selecciona "Más opciones" y, en la sección "Restaurar sistema y copias de seguridad", haz clic en "Limpiar".

Una vez que hayas liberado suficiente espacio en el disco, intenta instalar las actualizaciones o actualizar a la nueva versión de Windows nuevamente. Si sigues enfrentando problemas, es posible que debas considerar la posibilidad de actualizar tu disco duro a uno con más capacidad o agregar un segundo disco duro para almacenar tus archivos y programas. Esto te proporcionará más espacio para las actualizaciones y mejorará el rendimiento general de tu ordenador.

Errores en la compatibilidad del hardware:

Si estás experimentando problemas de compatibilidad de hardware al intentar actualizar a una nueva versión de Windows, hay varias soluciones que puedes seguir para solucionar estos problemas. A continuación, te mencionamos algunas de las soluciones más efectivas:

Verifica los requisitos mínimos del sistema: Antes de intentar actualizar a una nueva versión de Windows, es importante verificar los requisitos mínimos del sistema para asegurarte de que tu ordenador sea compatible. Puedes encontrar los requisitos mínimos del sistema en la página de descarga de la actualización o en la documentación de Microsoft. Si tu ordenador no cumple con los requisitos mínimos, no podrás actualizar a la nueva versión de Windows.

Actualiza los controladores de hardware: Los controladores de hardware son programas que permiten que el sistema operativo se comunique con el hardware de tu ordenador. Si los controladores no están actualizados, es posible que se produzcan problemas de compatibilidad. Para actualizar los controladores de hardware, sigue estos pasos:

a. Haz clic en el botón de "Inicio" y selecciona "Administrador de dispositivos".

b. Busca el dispositivo que está causando problemas y haz clic con el botón derecho en él. Selecciona "Actualizar controlador".

c. Windows buscará en línea los controladores más recientes para el dispositivo. Si encuentra una actualización, la descargará e instalará automáticamente.

Desconecta dispositivos externos: Si tienes dispositivos externos conectados a tu ordenador, como impresoras, cámaras o discos duros externos, intenta desconectarlos antes de intentar la actualización. A veces, los dispositivos externos pueden causar problemas de compatibilidad y evitar que la actualización se complete correctamente.

Realiza una instalación limpia: Si ninguna de las soluciones anteriores funciona, puedes considerar la posibilidad de realizar una instalación limpia de la nueva versión de Windows. Esto implica formatear el disco duro y realizar una instalación nueva y limpia del sistema operativo. Asegúrate de hacer una copia de seguridad de tus archivos y documentos importantes antes de realizar una instalación limpia, ya que perderás todos los datos almacenados en el disco duro.

Busca ayuda adicional: Si sigues enfrentando problemas de compatibilidad de hardware después de intentar estas soluciones, es posible que debas buscar ayuda adicional a través de foros de soporte técnico o contactar al soporte de Microsoft. Pueden ayudarte a solucionar los problemas de compatibilidad y ofrecerte soluciones específicas para tu caso.

Es importante tener en cuenta que la compatibilidad de hardware es un problema común al actualizar a una nueva versión de Windows, especialmente si tu ordenador es más antiguo o tiene componentes de hardware menos comunes. Sin embargo, con un poco de paciencia y algunas soluciones simples, puedes solucionar los problemas de compatibilidad de hardware y actualizar correctamente a la nueva versión de Windows.

Controladores obsoletos o incompatibles:

Los controladores de dispositivos son programas que permiten que el sistema operativo se comunique con los dispositivos de hardware de tu ordenador, como la tarjeta gráfica, la tarjeta de sonido, la impresora, el escáner y otros dispositivos externos. Si un controlador de dispositivo está obsoleto o es incompatible con la versión de Windows que estás utilizando, puede causar problemas durante la instalación o actualización del sistema operativo.

A continuación, te ofrecemos algunas soluciones para solucionar problemas de controladores obsoletos o incompatibles en Windows 10 y Windows 11:

Actualiza los controladores: El primer paso para solucionar problemas de controladores es verificar si hay actualizaciones disponibles. Para hacer esto, sigue estos pasos:

a. Haz clic en el botón de "Inicio" y selecciona "Administrador de dispositivos".

b. Busca el dispositivo que está causando problemas y haz clic con el botón derecho en él. Selecciona "Actualizar controlador".

c. Windows buscará en línea los controladores más recientes para el dispositivo. Si encuentra una actualización, la descargará e instalará automáticamente.

Descarga los controladores directamente del sitio web del fabricante: Si Windows no encuentra una actualización del controlador, es posible que debas descargarla manualmente del sitio web del fabricante. Busca el modelo exacto de tu dispositivo y descarga los controladores más recientes disponibles en el sitio web del fabricante.

Utiliza el solucionador de problemas de hardware y dispositivos: Windows 10 y Windows 11 incluyen una herramienta integrada para solucionar problemas de hardware y dispositivos. Para utilizar esta herramienta, sigue estos pasos:

a. Haz clic en el botón de "Inicio" y selecciona "Configuración".

b. Selecciona "Actualización y seguridad" y luego "Solucionar problemas".

c. Busca "Hardware y dispositivos" en la lista de solucionadores de problemas y haz clic en "Ejecutar el solucionador de problemas".

Desinstala el controlador problemático: Si ninguna de las soluciones anteriores funciona, puedes intentar desinstalar el controlador problemático y permitir que Windows lo reinstale automáticamente. Para hacer esto, sigue estos pasos:

a. Haz clic en el botón de "Inicio" y selecciona "Administrador de dispositivos".

b. Busca el dispositivo que está causando problemas y haz clic con el botón derecho en él. Selecciona "Desinstalar dispositivo".

c. Reinicia tu ordenador y Windows reinstalará automáticamente el controlador del dispositivo.

Es importante mantener los controladores de dispositivo actualizados para garantizar el rendimiento y la estabilidad del sistema operativo. Si experimentas problemas con los controladores de dispositivo, sigue estas soluciones para solucionarlos.

Archivos de sistema dañados o corruptos:

Si los archivos de sistema de Windows 10 o Windows 11 están dañados o corruptos, esto puede generar problemas en la instalación o actualización del sistema operativo. Los problemas de archivos de sistema pueden ser causados por virus, fallas del sistema, cortes de energía inesperados y otros factores. Afortunadamente, hay varias soluciones que puedes seguir para solucionar estos problemas.

A continuación, te mencionamos algunas soluciones que puedes intentar para solucionar problemas de archivos de sistema dañados o corruptos en Windows 10 y Windows 11:

Ejecuta el Comprobador de archivos de sistema: El Comprobador de archivos de sistema es una herramienta integrada en Windows que te permite buscar y reparar archivos de sistema dañados o corruptos. Para ejecutar esta herramienta, sigue estos pasos:

a. Haz clic en el botón de "Inicio" y escribe "cmd" en el cuadro de búsqueda.

b. Haz clic con el botón derecho en "Símbolo del sistema" y selecciona "Ejecutar como administrador".

c. Escribe "sfc /scannow" y presiona "Enter". El Comprobador de archivos de sistema buscará y reparará automáticamente los archivos de sistema dañados o corruptos.

Ejecuta la herramienta DISM: La herramienta DISM es otra herramienta integrada en Windows que te permite reparar archivos de sistema dañados o corruptos. Para ejecutar esta herramienta, sigue estos pasos:

a. Haz clic en el botón de "Inicio" y escribe "cmd" en el cuadro de búsqueda.

b. Haz clic con el botón derecho en "Símbolo del sistema" y selecciona "Ejecutar como administrador".

c. Escribe "DISM /Online /Cleanup-Image /RestoreHealth" y presiona "Enter". La herramienta DISM buscará y reparará automáticamente los archivos de sistema dañados o corruptos.

Realiza una instalación limpia: Si ninguna de las soluciones anteriores funciona, puedes considerar la posibilidad de realizar una instalación limpia de la nueva versión de Windows. Esto implica formatear el disco duro y realizar una instalación nueva y limpia del sistema operativo. Asegúrate de hacer una copia de seguridad de tus archivos y documentos importantes antes de realizar una instalación limpia, ya que perderás todos los datos almacenados en el disco duro.

Es importante tener en cuenta que los problemas de archivos de sistema dañados o corruptos pueden ser causados por varios factores y pueden ser difíciles de solucionar. Sin embargo, con las herramientas y soluciones adecuadas, puedes solucionar estos problemas y asegurarte de que tu sistema operativo esté funcionando correctamente.

Conflictos de software:

Algunos programas o aplicaciones instalados en tu ordenador pueden interferir con el proceso de instalación o actualización de Windows 10 o Windows 11. Estos conflictos de software pueden ser causados por programas antivirus, aplicaciones de terceros, complementos de navegador y otros programas que pueden estar ejecutándose en segundo plano. Afortunadamente, hay varias soluciones que puedes seguir para solucionar estos problemas.

A continuación, te mencionamos algunas soluciones que puedes intentar para solucionar problemas de conflictos de software en Windows 10 y Windows 11:

Desactiva temporalmente el software de seguridad: Si tienes instalado un software antivirus o firewall en tu ordenador, es posible que debas desactivarlo temporalmente mientras realizas la instalación o actualización de Windows. Esto se debe a que algunos programas de seguridad pueden bloquear la descarga o instalación de archivos importantes de Windows. Una vez que se complete la instalación o actualización, puedes volver a activar el software de seguridad.

Desinstala los programas problemáticos: Si tienes programas de terceros que están causando conflictos con la instalación o actualización de Windows, es posible que debas desinstalarlos temporalmente. Para hacer esto, sigue estos pasos:

a. Haz clic en el botón de "Inicio" y selecciona "Configuración".

b. Selecciona "Aplicaciones" y busca los programas que estén causando conflictos.

c. Haz clic en el programa y selecciona "Desinstalar".

Desactiva los complementos de navegador: Si estás experimentando problemas de actualización en tu navegador web, es posible que los complementos del navegador estén causando conflictos. Para desactivar los complementos, sigue estos pasos:

a. Abre tu navegador web y haz clic en el menú de "Configuración".

b. Busca la opción de "Complementos" o "Extensiones" y desactívalas todas.

c. Cierra y vuelve a abrir el navegador para que los cambios tengan efecto.

Realiza una instalación limpia: Si ninguna de las soluciones anteriores funciona, puedes considerar la posibilidad de realizar una instalación limpia de la nueva versión de Windows. Esto implica formatear el disco duro y realizar una instalación nueva y limpia del sistema operativo. Asegúrate de hacer una copia de seguridad de tus archivos y documentos importantes antes de realizar una instalación limpia, ya que perderás todos los datos almacenados en el disco duro.

Es importante tener en cuenta que los conflictos de software pueden ser causados por varios factores y pueden ser difíciles de solucionar. Sin embargo, con las soluciones adecuadas y la eliminación temporal de los programas problemáticos, puedes solucionar estos problemas y asegurarte de que tu sistema operativo esté funcionando correctamente.

Errores en el Registro de Windows:

El Registro de Windows es una base de datos central que almacena información importante sobre el hardware y software de tu ordenador. Los problemas en el Registro de Windows, como entradas incorrectas o corruptas, pueden causar dificultades en la instalación o actualización del sistema operativo. Afortunadamente, hay varias soluciones que puedes seguir para solucionar estos problemas.

A continuación, te mencionamos algunas soluciones que puedes intentar para solucionar problemas de errores en el Registro de Windows en Windows 10 y Windows 11:

Ejecuta la herramienta de limpieza de disco: La herramienta de limpieza de disco en Windows 10 y Windows 11 puede ayudarte a eliminar archivos temporales, caché y otros elementos innecesarios que pueden estar causando problemas en el Registro de Windows. Para ejecutar esta herramienta, sigue estos pasos:

a. Haz clic en el botón de "Inicio" y busca "Limpieza de disco".

b. Selecciona el disco duro que deseas limpiar y haz clic en "Aceptar".

c. Selecciona los elementos que deseas eliminar y haz clic en "Aceptar".

Ejecuta el Limpiador de registro: El Limpiador de registro es una herramienta que puede ayudarte a escanear y eliminar entradas de registro incorrectas o corruptas en tu sistema. Para ejecutar esta herramienta, sigue estos pasos:

a. Descarga e instala una herramienta de limpieza de registro, como CCleaner.

b. Ejecuta la herramienta y selecciona "Escaneo de registro".

c. Una vez que se complete el escaneo, selecciona las entradas que deseas eliminar y haz clic en "Reparar problemas seleccionados".

Realiza una restauración del sistema: Si los problemas en el Registro de Windows son muy graves y no pueden solucionarse fácilmente, puedes considerar la posibilidad de realizar una restauración del sistema. Esto implica restaurar tu ordenador a un estado anterior en el que el Registro de Windows estaba funcionando correctamente. Para hacer esto, sigue estos pasos:

a. Haz clic en el botón de "Inicio" y busca "Restaurar sistema".

b. Selecciona "Restaurar sistema" y sigue las instrucciones para seleccionar un punto de restauración anterior.

c. Una vez que se complete la restauración, verifica si el problema ha sido solucionado.

Es importante tener en cuenta que el Registro de Windows es una parte crítica del sistema operativo y manipularlo incorrectamente puede causar problemas graves. Si no estás seguro de lo que estás haciendo, es recomendable buscar la ayuda de un técnico o experto en informática.

Interferencia de software de seguridad:

El software de seguridad, como el antivirus o firewall, es importante para proteger tu ordenador contra amenazas de seguridad en línea. Sin embargo, en ocasiones, este software puede interferir con la instalación o actualización de Windows 10 o Windows 11. Afortunadamente, hay varias soluciones que puedes seguir para solucionar estos problemas.

A continuación, te mencionamos algunas soluciones que puedes intentar para solucionar problemas de interferencia de software de seguridad en Windows 10 y Windows 11:

Desactiva temporalmente el software de seguridad: Si tienes instalado un software antivirus o firewall en tu ordenador, es posible que debas desactivarlo temporalmente mientras realizas la instalación o actualización de Windows. Esto se debe a que algunos programas de seguridad pueden bloquear la descarga o instalación de archivos importantes de Windows. Una vez que se complete la instalación o actualización, puedes volver a activar el software de seguridad.

Agrega excepciones en el software de seguridad: Si prefieres no desactivar temporalmente el software de seguridad, puedes considerar agregar excepciones a la configuración del software de seguridad para permitir la descarga e instalación de archivos de Windows. Para hacer esto, sigue estos pasos:

a. Abre el software de seguridad y busca la opción de "Excepciones".

b. Agrega las siguientes excepciones: "Windows Update", "Microsoft Update", "Microsoft Software Download", "Windows Media Center" y "Windows DVD Maker".

c. Guarda los cambios y cierra la ventana.

Usa una herramienta de limpieza de software de seguridad: En algunos casos, puede ser necesario eliminar completamente el software de seguridad para solucionar problemas de interferencia. Para hacer esto, utiliza una herramienta de limpieza de software de seguridad proporcionada por el fabricante. Asegúrate de hacer una copia de seguridad de tus datos importantes antes de eliminar el software de seguridad.

Es importante tener en cuenta que desactivar temporalmente el software de seguridad puede dejar tu ordenador expuesto a amenazas en línea.

Asegúrate de volver a activar el software de seguridad una vez que se complete la instalación o actualización de Windows. Además, es recomendable utilizar software de seguridad de confianza y actualizado para proteger tu ordenador en todo momento.

Configuración incorrecta de la BIOS/UEFI:

La BIOS (Sistema Básico de Entrada/Salida) y la UEFI (Interfaz de Firmware Extensible Unificado) son programas de firmware que controlan la configuración y el arranque de tu ordenador. Si la configuración de la BIOS/UEFI no está ajustada correctamente, puede afectar la instalación o actualización de Windows 10 o Windows 11. Afortunadamente, hay varias soluciones que puedes seguir para solucionar estos problemas.

A continuación, te mencionamos algunas soluciones que puedes intentar para solucionar problemas de configuración incorrecta de la BIOS/UEFI en Windows 10 y Windows 11:

Verifica la configuración de la BIOS/UEFI: Verifica la configuración de la BIOS/UEFI para asegurarte de que está configurada correctamente para admitir la nueva versión del sistema operativo. Asegúrate de verificar los siguientes elementos:

a. Configuración del modo de arranque: Asegúrate de que la configuración de arranque esté configurada en modo UEFI o Legacy, dependiendo de la versión del sistema operativo que estés instalando.

b. Configuración de Secure Boot: Asegúrate de que la configuración de Secure Boot esté habilitada para sistemas operativos UEFI.

c. Configuración de CSM: Asegúrate de que la configuración de Compatibility Support Module (CSM) esté deshabilitada para sistemas operativos UEFI.

Restablece la configuración de la BIOS/UEFI: Si la configuración de la BIOS/UEFI está causando problemas, puedes intentar restablecerla a los valores predeterminados. Para hacer esto, sigue estos pasos:

a. Reinicia tu ordenador y presiona la tecla correspondiente para ingresar a la configuración de la BIOS/UEFI.

b. Busca la opción de "Restablecer valores predeterminados" y selecciona "Sí".

c. Guarda los cambios y reinicia el ordenador.

Actualiza la BIOS/UEFI: Si la configuración de la BIOS/UEFI está obsoleta, es posible que debas actualizarla para admitir la nueva versión del sistema operativo. Para hacer esto, sigue estos pasos:

a. Busca el modelo de tu placa base y descarga la última versión de la BIOS/UEFI del sitio web del fabricante.

b. Crea una unidad flash USB de arranque con el archivo de la BIOS/UEFI y reinicia el ordenador.

c. Ingrese a la configuración de la BIOS/UEFI y busca la opción de actualización de la BIOS/UEFI. Sigue las instrucciones para actualizar la BIOS/UEFI.

Es importante tener en cuenta que la configuración de la BIOS/UEFI es un proceso delicado y cualquier cambio incorrecto puede afectar el rendimiento y la estabilidad de tu ordenador. Si no estás seguro de lo que estás haciendo, es recomendable buscar la ayuda de un técnico o experto en informática.

Problemas en la actualización de características:

Las actualizaciones de características en Windows 10 y Windows 11 pueden ser beneficiosas para mejorar el rendimiento y agregar nuevas funciones al sistema operativo. Sin embargo, en ocasiones, estas actualizaciones pueden causar problemas de compatibilidad con aplicaciones o hardware existentes, lo que podría llevar a un fallo en la instalación o actualización. Afortunadamente, hay varias soluciones que puedes seguir para solucionar estos problemas.

A continuación, te mencionamos algunas soluciones que puedes intentar para solucionar problemas en la actualización de características en Windows 10 y Windows 11:

Verifica la compatibilidad del hardware y software: Antes de realizar una actualización de características, es importante verificar la compatibilidad del hardware y software existentes. Visita el sitio web del fabricante del hardware o software para verificar la compatibilidad con la nueva versión del sistema operativo.

Desinstala aplicaciones incompatibles: Si la actualización de características está fallando debido a aplicaciones incompatibles, puedes desinstalar estas aplicaciones antes de realizar la actualización. Para hacer esto, sigue estos pasos:

a. Abre el menú Inicio y busca "Agregar o quitar programas".

b. Selecciona la aplicación que deseas desinstalar y haz clic en "Desinstalar".

c. Sigue las instrucciones para completar el proceso de desinstalación.

Deshabilita temporalmente el software de seguridad: Si tienes instalado un software de seguridad, como un antivirus o firewall, es posible que debas deshabilitarlo temporalmente durante la actualización de características. Esto se debe a que algunos programas de seguridad pueden bloquear la descarga o instalación de archivos importantes de Windows. Una vez que se complete la actualización, puedes volver a habilitar el software de seguridad.

Usa la herramienta Solucionador de problemas de Windows Update: La herramienta Solucionador de problemas de Windows Update puede ayudarte a solucionar problemas de actualización de características en Windows 10 y Windows 11. Para acceder a esta herramienta, sigue estos pasos:

a. Abre el menú Inicio y busca "Solucionador de problemas".

b. Selecciona "Solucionar problemas de Windows Update" y sigue las instrucciones para completar el proceso.

Realiza una instalación limpia: Si ninguna de las soluciones anteriores funciona, puedes considerar realizar una instalación limpia de la nueva versión del sistema operativo. Esto implica realizar una instalación desde cero, eliminando todos los archivos y programas existentes en el ordenador. Asegúrate de hacer una copia de seguridad de tus datos importantes antes de realizar una instalación limpia.

Es importante tener en cuenta que realizar una actualización de características puede llevar tiempo y puede requerir varios reinicios del ordenador. Asegúrate de tener suficiente tiempo y batería en tu ordenador para completar el proceso de actualización.

Problemas comunes de adaptadores de red, tarjetas gráficas y otros dispositivos

Este capítulo del libro se enfoca en los problemas comunes que pueden surgir con los dispositivos de hardware de tu ordenador, como adaptadores de red, tarjetas gráficas y otros dispositivos, y cómo solucionarlos.

Identificar problemas de hardware:

Los problemas de hardware pueden manifestarse de diferentes maneras, y es importante saber identificar los síntomas para solucionarlos de manera efectiva. Algunos de los problemas más comunes de hardware son los siguientes:

Problemas de arranque: Si el ordenador no se enciende o se reinicia constantemente, es posible que haya un problema de hardware. En algunos casos, el problema puede ser causado por una fuente de alimentación defectuosa, una placa base dañada, una memoria RAM defectuosa o un disco duro defectuoso. Si tu ordenador no arranca correctamente, es importante comprobar cada uno de estos componentes para identificar el problema.

Problemas de pantalla: Si la pantalla del ordenador no funciona correctamente, es posible que haya un problema de hardware. Los problemas comunes incluyen píxeles muertos, líneas horizontales o verticales, pantalla en negro o borrosa, y una resolución de pantalla incorrecta. En algunos casos, los problemas de pantalla pueden ser causados por una tarjeta gráfica defectuosa o una pantalla rota.

Problemas de sonido: Si el sonido del ordenador no funciona correctamente, es posible que haya un problema de hardware. Los problemas comunes incluyen sonido distorsionado, falta de sonido, sonido de baja calidad o sonido entrecortado. En algunos casos, los problemas de sonido pueden ser causados por altavoces defectuosos o una tarjeta de sonido defectuosa.

Problemas de hardware externo: Si un dispositivo externo, como un ratón o un teclado, no funciona correctamente, es posible que haya un problema de hardware. En algunos casos, el problema puede ser causado por un puerto USB dañado o una conexión suelta. También es posible que el dispositivo en sí mismo esté defectuoso.

Para solucionar problemas de hardware, es importante seguir algunos pasos clave. En primer lugar, deberás identificar el problema específico. Si no estás seguro de cuál es el problema, es posible que debas llevar el ordenador a un técnico especializado. Una vez que hayas identificado el problema, es importante buscar una solución específica. En algunos casos, esto puede implicar reemplazar un componente defectuoso, como una placa base o una memoria RAM. En otros casos, puede ser necesario actualizar los controladores de los dispositivos o realizar una actualización del sistema operativo.

En conclusión, los problemas de hardware pueden ser frustrantes, pero es importante saber identificar los síntomas y seguir los pasos necesarios para solucionar el problema. Con un poco de paciencia y atención, es posible solucionar problemas de hardware y mantener tu ordenador en buen estado de funcionamiento.

Actualizar controladores:

Actualizar los controladores de los dispositivos es esencial para mantener un buen funcionamiento del hardware. Los controladores son programas que permiten que el sistema operativo se comunique con los dispositivos de hardware, como la tarjeta gráfica, el teclado, el ratón, la cámara web y otros dispositivos. Si los controladores están desactualizados, es posible que los dispositivos no funcionen correctamente, o incluso que el sistema operativo se bloquee o se reinicie.

Para actualizar los controladores en Windows 10 o Windows 11, hay varios métodos que puedes utilizar. A continuación, se describen los pasos generales que puedes seguir:

Identificar los controladores obsoletos: Lo primero que debes hacer es identificar los controladores que están obsoletos. Puedes hacer esto a través del Administrador de dispositivos, que puedes encontrar en el Panel de control o simplemente buscando "Administrador de dispositivos" en el cuadro de búsqueda en la barra de tareas. Una vez que estás en el Administrador de dispositivos, busca cualquier dispositivo que tenga un signo de exclamación amarillo junto a él. Este es un indicador de que hay un problema con el controlador.

Descargar e instalar los controladores más recientes: Una vez que hayas identificado los controladores obsoletos, debes buscar y descargar los controladores más recientes desde el sitio web del fabricante del dispositivo. La mayoría de los fabricantes tienen una sección de descarga de controladores en su sitio web. Simplemente busca el modelo del dispositivo que necesitas actualizar y descarga el controlador más reciente.

Instalar los controladores descargados: Una vez que hayas descargado los controladores más recientes, debes instalarlos en tu ordenador. La mayoría de los controladores se descargan como un archivo comprimido, por lo que debes descomprimirlo antes de instalarlo. A continuación, haz clic con el botón derecho en el dispositivo en el Administrador de dispositivos y selecciona "Actualizar controlador". Luego, selecciona "Buscar software de controlador en el equipo" y navega hasta la ubicación donde guardaste el archivo de controlador descargado.

Reiniciar el ordenador: Una vez que hayas instalado los controladores más recientes, es importante reiniciar el ordenador para asegurarte de que los cambios se hayan aplicado correctamente.

En conclusión, actualizar los controladores de los dispositivos es esencial para mantener un buen funcionamiento del hardware. Siguiendo los pasos mencionados anteriormente, puedes identificar los controladores obsoletos y descargar e instalar los controladores más recientes para asegurarte de que tus dispositivos funcionen correctamente. Si tienes dificultades para actualizar tus controladores, es posible que debas buscar ayuda de un técnico especializado o de la comunidad de soporte en línea.

Desinstalar y reinstalar controladores:

En algunos casos, los problemas de hardware pueden ser causados por controladores corruptos o defectuosos. Desinstalar y reinstalar los controladores de dispositivos es una solución común para solucionar problemas de hardware en Windows 10 y Windows 11. A continuación, se describen los pasos generales que puedes seguir:

Identificar el controlador defectuoso: El primer paso para desinstalar y reinstalar un controlador es identificar cuál es el controlador defectuoso. Puedes hacer esto a través del Administrador de dispositivos, que puedes encontrar en el Panel de control o simplemente buscando "Administrador de dispositivos" en el cuadro de búsqueda en la barra de tareas. Una vez que estás en el Administrador de dispositivos, busca el dispositivo que estás teniendo problemas y haz clic con el botón derecho en él. Selecciona "Propiedades" y luego la pestaña "Controlador". Si el botón "Desinstalar" está activo, significa que el controlador se puede desinstalar.

Desinstalar el controlador: Para desinstalar el controlador, haz clic con el botón derecho en el dispositivo en el Administrador de dispositivos y selecciona "Desinstalar dispositivo". Si hay una opción para eliminar el controlador del sistema, selecciona esta opción. De lo contrario, el controlador se volverá a instalar automáticamente la próxima vez que reinicies el ordenador.

Reiniciar el ordenador: Una vez que hayas desinstalado el controlador, es importante reiniciar el ordenador para asegurarte de que los cambios se hayan aplicado correctamente.

Reinstalar el controlador: Después de reiniciar el ordenador, el sistema operativo buscará automáticamente el controlador más reciente para el dispositivo. Si no encuentra el controlador adecuado, puedes descargarlo desde el sitio web del fabricante del dispositivo e instalarlo manualmente. Una vez que hayas descargado el controlador, haz clic con el botón derecho en el dispositivo en el Administrador de dispositivos y selecciona "Actualizar controlador". Luego, selecciona "Buscar software de controlador en el equipo" y navega hasta la ubicación donde guardaste el archivo de controlador descargado.

Reiniciar el ordenador: Una vez que hayas instalado el controlador más reciente, es importante reiniciar el ordenador para asegurarte de que los cambios se hayan aplicado correctamente.

En conclusión, desinstalar y reinstalar los controladores de dispositivos es una solución común para solucionar problemas de hardware en Windows 10 y Windows 11. Siguiendo los pasos mencionados anteriormente, puedes desinstalar el controlador defectuoso, reiniciar el ordenador, reinstalar el controlador más reciente y reiniciar el ordenador nuevamente para asegurarte de que los cambios se hayan aplicado correctamente. Si tienes dificultades para desinstalar y reinstalar tus controladores, es posible que debas buscar ayuda de un técnico especializado o de la comunidad de soporte en línea.

Solucionar problemas de conectividad y redes:

Los problemas de conectividad y redes son una de las causas más comunes de frustración para los usuarios de Windows 10 y Windows 11. Afortunadamente, hay varias soluciones que puedes probar para solucionar problemas comunes de redes. A continuación, se describen algunos de los pasos que puedes seguir:

Reiniciar el router y el ordenador: Una de las soluciones más simples para solucionar problemas de conectividad y redes es reiniciar el router y el ordenador. A menudo, esto puede ayudar a solucionar problemas de conexión y velocidad. Para reiniciar el router, simplemente desconéctalo de la fuente de alimentación y espera unos segundos antes de volver a conectarlo. Para reiniciar el ordenador, simplemente apágalo y luego enciéndelo de nuevo.

Verificar la conexión a Internet: Si estás experimentando problemas de conectividad, lo primero que debes hacer es verificar si tienes una conexión a Internet estable. Puedes hacer esto visitando un sitio web conocido o intentando abrir una aplicación que requiera una conexión a Internet.

Verificar el cableado: Si estás utilizando una conexión por cable, asegúrate de que los cables estén conectados correctamente. A veces, los cables se sueltan o se desconectan accidentalmente, lo que puede afectar la conectividad.

Actualizar los controladores de red: Asegúrate de que los controladores de red estén actualizados. Puedes hacer esto abriendo el Administrador de dispositivos, seleccionando la opción de red y haciendo clic con el botón derecho en la tarjeta de red. Luego, selecciona "Actualizar controlador" y sigue las instrucciones en pantalla para actualizar los controladores.

Reiniciar la tarjeta de red: Si estás utilizando una conexión inalámbrica, puedes intentar reiniciar la tarjeta de red inalámbrica. Para hacerlo, simplemente abre el Administrador de dispositivos, selecciona la tarjeta de red inalámbrica y haz clic con el botón derecho en ella. Luego, selecciona "Desactivar dispositivo" y espera unos segundos antes de seleccionar "Activar dispositivo".

Verificar la configuración de red: Asegúrate de que la configuración de red sea correcta. Verifica si la dirección IP y la puerta de enlace predeterminada son correctas. Puedes hacerlo abriendo la Configuración de red e Internet y seleccionando

"Estado". Luego, selecciona "Propiedades" y verifica la información de la dirección IP y la puerta de enlace predeterminada.

Desactivar el firewall: Si tienes un firewall habilitado, intenta desactivarlo temporalmente para ver si esto soluciona el problema de conectividad. Si el problema desaparece después de desactivar el firewall, es posible que debas ajustar la configuración del firewall para permitir la conexión a Internet.

En conclusión, los problemas de conectividad y redes pueden ser frustrantes, pero hay varias soluciones que puedes probar para solucionarlos. Al seguir los pasos mencionados anteriormente, puedes solucionar problemas comunes de redes y restaurar la conectividad a Internet. Si todavía tienes problemas de conectividad después de seguir estos pasos, es posible que debas buscar ayuda de un técnico especializado o de la comunidad de soporte en línea.

Solucionar problemas de tarjetas gráficas:

Las tarjetas gráficas son una parte importante de cualquier ordenador y están diseñadas para mejorar la calidad de la imagen y el rendimiento de los juegos y aplicaciones de software. Sin embargo, como cualquier otro componente del ordenador, las tarjetas gráficas también pueden experimentar problemas y errores. Aquí te enseñaremos cómo solucionar los problemas más comunes de las tarjetas gráficas en Windows 10 y Windows 11.

Uno de los problemas más comunes que pueden experimentar las tarjetas gráficas es la aparición de problemas de pantalla en negro o azul. Esto puede ocurrir por una variedad de razones, como controladores de tarjeta gráfica obsoletos o incompatibles, sobrecalentamiento del hardware, conflictos de software o problemas de configuración del sistema. Si experimentas problemas de pantalla en negro o azul, es importante que sigas los siguientes pasos para solucionar el problema:

Actualiza los controladores de la tarjeta gráfica: Los controladores de la tarjeta gráfica pueden ser la causa de muchos problemas de pantalla en negro o azul. Para actualizar los controladores, ve al sitio web del fabricante de la tarjeta gráfica y descarga los controladores más recientes para tu modelo de tarjeta gráfica.

Revisa la temperatura de la tarjeta gráfica: El sobrecalentamiento puede ser una de las causas de los problemas de pantalla en negro o azul. Para evitar el sobrecalentamiento, asegúrate de que la tarjeta gráfica esté bien ventilada y limpia, y utiliza herramientas de monitoreo de temperatura de hardware para verificar que la temperatura esté dentro de los límites seguros.

Revisa los conflictos de software: Algunos programas o aplicaciones pueden interferir con el funcionamiento de la tarjeta gráfica, lo que puede provocar problemas de pantalla en negro o azul. Desinstala o desactiva temporalmente cualquier software de terceros que sospeches que pueda estar causando conflictos.

Revisa la configuración del sistema: Las configuraciones del sistema, como la resolución de pantalla y la frecuencia de actualización, pueden afectar el rendimiento de la tarjeta gráfica y causar problemas de pantalla en negro o azul. Asegúrate de que la configuración del sistema sea compatible con tu tarjeta gráfica y cambia cualquier configuración que pueda estar causando problemas.

Además de los problemas de pantalla en negro o azul, también puedes experimentar errores de driver o otros problemas relacionados con la tarjeta gráfica. Aquí te enseñamos cómo solucionar estos problemas:

Desinstala y reinstala los controladores: Si experimentas errores de driver o problemas de rendimiento de la tarjeta gráfica, desinstala y reinstala los controladores de la tarjeta gráfica. Descarga los controladores más recientes del sitio web del fabricante de la tarjeta gráfica e instálalos según las instrucciones.

Realiza una limpieza del hardware: Los problemas de rendimiento de la tarjeta gráfica pueden ser causados por la acumulación de polvo y suciedad en los ventiladores y los componentes de la tarjeta gráfica. Limpia cuidadosamente la tarjeta gráfica y los ventiladores para mejorar el flujo de aire y reducir la temperatura.

En caso de que los pasos anteriores no hayan solucionado el problema, es posible que debas considerar la posibilidad de reemplazar la tarjeta gráfica por una nueva.

En resumen, solucionar problemas de tarjetas gráficas puede ser un proceso desafiante, pero con un enfoque cuidadoso y sistemático, puedes identificar y solucionar los problemas de manera efectiva. Al seguir los pasos descritos en este capítulo, podrás mantener tu tarjeta gráfica en buen estado y solucionar cualquier problema que surja.

Cómo actualizar, desinstalar y reinstalar controladores

Actualizar los controladores de tus dispositivos es una tarea importante para mantener el buen funcionamiento de tu ordenador. A continuación, te explicaré cómo puedes actualizar, desinstalar y reinstalar controladores de manera sencilla en Windows 10 y Windows 11.

Actualizar controladores:

Abre el Administrador de dispositivos. Para hacerlo, haz clic en el botón de Inicio y escribe "Administrador de dispositivos" en la barra de búsqueda.

Haz clic en la categoría de dispositivo que quieres actualizar, por ejemplo, "Tarjeta de red".

Haz clic con el botón derecho del ratón en el dispositivo que deseas actualizar y selecciona "Actualizar controlador".

Aparecerá una ventana con dos opciones: "Buscar automáticamente el software del controlador actualizado" y "Buscar en el equipo en busca de software del controlador". Selecciona la opción que desees y sigue las instrucciones en pantalla para completar la actualización.

Desinstalar controladores:

Abre el Administrador de dispositivos.

Haz clic en la categoría de dispositivo cuyo controlador deseas desinstalar.

Haz clic con el botón derecho del ratón en el dispositivo y selecciona "Desinstalar dispositivo".

Se abrirá una ventana que te preguntará si deseas eliminar el software del controlador del dispositivo. Selecciona "Eliminar software del controlador" y haz clic en "Desinstalar".

Reinstalar controladores:

Abre el Administrador de dispositivos.

Haz clic en la categoría de dispositivo cuyo controlador deseas reinstalar.

Haz clic con el botón derecho del ratón en el dispositivo y selecciona "Actualizar controlador".

Aparecerá una ventana con dos opciones: "Buscar automáticamente el software del controlador actualizado" y "Buscar en el equipo en busca de software del controlador". Selecciona "Buscar en el equipo en busca de software del controlador".

Navega hasta la ubicación donde se encuentra el archivo del controlador y selecciona el archivo.

Haz clic en "Siguiente" y sigue las instrucciones en pantalla para completar la reinstalación.

En resumen, actualizar, desinstalar y reinstalar controladores es una tarea importante para mantener el buen funcionamiento de tu ordenador. Siguiendo estos sencillos pasos, podrás realizar estas tareas de manera fácil y rápida.

Problemas de conectividad y redes

Aquí tienes una lista de los problemas de conectividad y redes más comunes en Windows 10 y Windows 11:

Falta de conexión a Internet:

Si tienes problemas para conectarte a Internet en tu ordenador, hay varias cosas que puedes hacer para solucionar el problema. Aquí hay algunas soluciones comunes que podrían ayudar:

Verificar la conexión a Internet: Asegúrate de que tu enrutador esté conectado a la línea de Internet y de que esté funcionando correctamente. Si no estás seguro, intenta reiniciarlo.

Verificar la conexión de red: Comprueba que el cable de red esté conectado correctamente y que no haya ningún problema con la conexión. Si estás utilizando una conexión inalámbrica, asegúrate de que el Wi-Fi esté activado y de que estés conectado a la red correcta. Reiniciar tu ordenador: A veces, simplemente reiniciar tu ordenador puede solucionar problemas de conexión a Internet.

Verificar la configuración de red: Asegúrate de que la configuración de red de tu ordenador sea correcta. Si estás utilizando una dirección IP estática, asegúrate de que esté configurada correctamente. Si estás utilizando DHCP, asegúrate de que esté habilitado en tu enrutador.

Verificar el firewall: Comprueba que el firewall de Windows o cualquier otro software antivirus o de seguridad no esté bloqueando la conexión a Internet. Si es necesario, deshabilita temporalmente el firewall para ver si eso soluciona el problema.

Actualizar los controladores de red: Asegúrate de que los controladores de red estén actualizados. Puedes hacer esto yendo a la página de soporte del fabricante de tu ordenador y descargando los controladores de red más recientes.

Verificar el hardware de red: Si todas las demás soluciones fallan, es posible que haya un problema con el hardware de red de tu ordenador. Intenta desconectar y volver a conectar cualquier dispositivo de red conectado a tu ordenador, como una tarjeta de red o un adaptador USB Wi-Fi.

Recuerda que si estas soluciones no funcionan, siempre puedes ponerte en contacto con un técnico de soporte para obtener ayuda adicional.

Velocidad lenta de la conexión:

Para solucionar problemas de velocidad lenta de conexión a Internet, hay varias cosas que puedes hacer:

Verifica la velocidad de tu conexión: Puedes usar sitios web como Speedtest.net para medir la velocidad de tu conexión a Internet. Si la velocidad es significativamente más baja de lo que debería ser, es posible que haya un problema con tu conexión o con el proveedor de servicios de Internet.

Reinicia el enrutador y el módem: A veces, simplemente reiniciar el enrutador y el módem puede solucionar problemas de velocidad lenta.

Verifica la ubicación del enrutador: Asegúrate de que el enrutador esté ubicado en un lugar central en tu hogar u oficina para garantizar una señal fuerte y consistente.

Verifica los cables: Asegúrate de que los cables estén conectados correctamente y que no estén dañados o desgastados.

Libera ancho de banda: Asegúrate de que no haya demasiados dispositivos conectados a la red, ya que esto puede ralentizar la velocidad de la conexión. Puedes desconectar dispositivos innecesarios o limitar su uso.

Actualiza el firmware del enrutador: Asegúrate de que el firmware del enrutador esté actualizado a la última versión para garantizar el mejor rendimiento posible.

Si estos pasos no funcionan, es posible que debas contactar a tu proveedor de servicios de Internet para obtener más ayuda con la solución de problemas de velocidad lenta de la conexión.

Problemas de red inalámbrica:

Para solucionar problemas de conexión inalámbrica, sigue estos pasos:

Reinicia el enrutador: A veces, reiniciar el enrutador puede solucionar problemas de conexión inalámbrica. Desconecta el enrutador de la fuente de alimentación, espera unos minutos y luego vuelve a conectarlo.

Verifica la señal de Wi-Fi: Verifica que la señal de Wi-Fi esté activada en el dispositivo y que la señal sea lo suficientemente fuerte. Si la señal es débil, prueba a acercarte al enrutador.

Verifica las credenciales de red: Asegúrate de que estás utilizando el nombre de red y la contraseña correctos para conectarte a la red inalámbrica.

Actualiza los controladores: Verifica que los controladores de tu adaptador de red inalámbrica estén actualizados. Puedes hacerlo mediante el Administrador de dispositivos en Windows.

Verifica la configuración del enrutador: Asegúrate de que el enrutador esté configurado correctamente y que no haya restricciones de acceso a la red.

Desactiva el firewall temporalmente: A veces, el firewall puede bloquear la conexión inalámbrica. Desactiva el firewall temporalmente para ver si esto soluciona el problema.

Restaura el enrutador: Si todos los pasos anteriores fallan, considera restaurar el enrutador a su configuración de fábrica para eliminar cualquier problema de configuración.

Siguiendo estos pasos, deberías ser capaz de solucionar la mayoría de los problemas de conexión inalámbrica en tu ordenador.

Dispositivos no se conectan a la red:

Para solucionar problemas de dispositivos que no se conectan a la red, sigue estos pasos:

Verifica que el dispositivo esté dentro del rango de la red inalámbrica. Si el dispositivo está demasiado lejos del enrutador, es posible que no se conecte correctamente.

Asegúrate de que el dispositivo esté conectado a la red correcta. Si hay varias redes inalámbricas disponibles, es posible que el dispositivo esté conectado a una red diferente a la que deseas.

Verifica que la contraseña de la red inalámbrica sea correcta. Si la contraseña es incorrecta, el dispositivo no podrá conectarse a la red.

Verifica que la red inalámbrica esté activada y visible. Si la red está oculta o desactivada, el dispositivo no podrá encontrarla y conectarse a ella.

Verifica que el dispositivo tenga los controladores correctos instalados. Si los controladores están desactualizados o no son compatibles con la red, el dispositivo no podrá conectarse a ella.

Si ninguno de estos pasos soluciona el problema, puedes intentar reiniciar el enrutador o restablecer los ajustes de fábrica. Si el problema persiste, es posible que debas contactar al fabricante del dispositivo o del enrutador para obtener más ayuda.

Problemas de DNS:

Para solucionar problemas de DNS en Windows 10 y Windows 11, puedes seguir estos pasos:

Reinicia tu enrutador y tu ordenador para restablecer la conexión.

Verifica tu conexión a Internet para asegurarte de que estás conectado a una red activa.

Intenta ingresar la dirección IP en lugar del nombre de dominio. Si esto funciona, el problema podría ser el servidor DNS.

Verifica si la configuración de DNS está configurada correctamente en tu ordenador. Para hacerlo, sigue estos pasos:

a. Haz clic en el botón de Inicio y selecciona "Configuración".

b. Haz clic en "Red e Internet".

c. Selecciona "Cambiar opciones del adaptador".

d. Haz clic con el botón derecho en la conexión de red y selecciona "Propiedades".

e. Selecciona "Protocolo de Internet versión 4 (TCP/IPv4)" y haz clic en "Propiedades".

f. Selecciona "Usar las siguientes direcciones de servidor DNS" e ingresa los siguientes valores:

Servidor DNS preferido: 8.8.8.8

Servidor DNS alternativo: 8.8.4.4

g. Haz clic en "Aceptar" y reinicia tu ordenador.

Verifica si el firewall está bloqueando el acceso a Internet. Para hacerlo, sigue estos pasos:

a. Haz clic en el botón de Inicio y selecciona "Configuración".

b. Haz clic en "Actualización y seguridad".

c. Selecciona "Seguridad de Windows".

d. Haz clic en "Firewall y protección de red".

e. Selecciona "Permitir una aplicación a través del firewall de Windows".

f. Busca la aplicación que estás intentando usar y asegúrate de que esté permitida en la lista.

Siguiendo estos pasos, podrás solucionar los problemas de DNS y conectividad a Internet en Windows 10 y Windows 11.

Cortafuegos o software de seguridad que bloquea la conexión:

Para solucionar problemas de conexión causados por cortafuegos o software de seguridad, sigue estos pasos:

Asegúrate de que el software de seguridad no está bloqueando la conexión a Internet o a la red. Si estás utilizando un software de seguridad de terceros, intenta desactivarlo temporalmente para ver si esto soluciona el problema. Si estás utilizando el software de seguridad integrado de Windows, abre la aplicación de seguridad y busca opciones relacionadas con el bloqueo de conexiones de red.

Si el software de seguridad está bloqueando la conexión, agrega una excepción para permitir la conexión. Busca en la configuración del software de seguridad una opción para agregar excepciones o permisos para ciertos programas o aplicaciones.

Si no estás seguro de si el software de seguridad está causando el problema, intenta desinstalarlo temporalmente para ver si esto soluciona el problema. Si la conexión funciona después de desinstalar el software de seguridad, es posible que debas buscar una alternativa de software de seguridad o contactar con el soporte del fabricante del software para obtener ayuda en la configuración.

Verifica que los puertos necesarios estén abiertos. Algunos programas o aplicaciones pueden requerir que ciertos puertos estén abiertos para funcionar correctamente. Consulta la documentación del programa o aplicación para obtener más información sobre los puertos necesarios y cómo abrirlos.

Asegúrate de que tu red y tus dispositivos estén actualizados. Los problemas de compatibilidad con dispositivos antiguos pueden causar problemas de conexión. Asegúrate de que tus dispositivos estén actualizados y de que estén utilizando las versiones más recientes de los controladores.

Siguiendo estos pasos, deberías poder solucionar la mayoría de los problemas de conexión causados por cortafuegos o software de seguridad. Si todavía tienes problemas, considera contactar al soporte del fabricante del software de seguridad o buscar ayuda adicional en línea.

Problemas de configuración de red:

Si tienes problemas de conectividad debido a una configuración de red incorrecta, aquí te presentamos algunos pasos que podrían ayudarte a solucionar el problema:

Verifica la configuración de red: Comprueba que la configuración de tu red sea correcta, incluyendo la dirección IP, la máscara de subred, la puerta de enlace predeterminada y los servidores DNS. Si no estás seguro de cómo hacerlo, consulta la documentación del enrutador o comunícate con el soporte técnico de tu proveedor de servicios de Internet.

Reinicia el enrutador y el módem: A veces, simplemente reiniciar el enrutador y el módem puede solucionar problemas de conectividad. Apaga ambos dispositivos, espera unos segundos y luego enciéndelos de nuevo.

Verifica los cables de red: Si estás utilizando una conexión por cable, asegúrate de que los cables estén correctamente conectados a tu ordenador y al enrutador. Si es posible, prueba con un cable diferente.

Actualiza los controladores de red: Si tienes problemas de conectividad, puede ser útil actualizar los controladores de red. Ve al sitio web del fabricante de tu ordenador o adaptador de red y descarga los controladores más recientes.

Desactiva el firewall o software de seguridad: Si tienes un firewall o software de seguridad activado, es posible que esté bloqueando la conexión a Internet. Intenta desactivarlo temporalmente y verifica si puedes conectarte.

Realiza un reinicio de fábrica: Si todo lo demás falla, puedes intentar hacer un reinicio de fábrica en el enrutador. Esto borrará todas las configuraciones y restablecerá el enrutador a sus ajustes predeterminados.

Recuerda que si no estás seguro de cómo solucionar un problema de conectividad de red, es mejor consultar con un técnico calificado o el soporte técnico de tu proveedor de servicios de Internet.

Dirección IP incorrecta:

Si tienes problemas de conectividad debido a una dirección IP incorrecta, puedes seguir estos pasos para solucionar el problema:

Abre el menú de inicio y busca "Configuración de red e Internet" y selecciona "Configuración de red".

Selecciona la conexión de red que estás utilizando y haz clic en "Propiedades".

En la ventana emergente, busca la opción "Protocolo de Internet versión 4 (TCP/IPv4)" y haz clic en "Propiedades".

Asegúrate de que la opción "Obtener una dirección IP automáticamente" esté seleccionada. Si está seleccionada y todavía tienes problemas de conectividad, intenta seleccionar la opción "Usar la siguiente dirección IP" y asegúrate de que la dirección IP que estás utilizando sea correcta.

Haz clic en "Aceptar" para guardar los cambios y reinicia tu ordenador para que los cambios surtan efecto.

Si después de realizar estos pasos todavía tienes problemas de conectividad, es posible que necesites contactar a tu proveedor de servicios de

Internet o a un técnico especializado para obtener ayuda adicional.

Problemas con el cableado:

Si tienes problemas de conectividad a la red que podrían estar relacionados con el cableado, sigue estos pasos para solucionar el problema:

Verifica la conexión del cable: Asegúrate de que el cable de red esté conectado correctamente a tu ordenador y al router o modem. Si el cable no está conectado correctamente, podrías tener problemas para conectarte a Internet.

Revisa el cable: Asegúrate de que el cable esté en buenas condiciones y no tenga cortes o roturas. Si el cable está dañado, reemplázalo por uno nuevo.

Prueba con otro puerto: Si tienes varios puertos en tu router o modem, intenta conectar el cable de red a otro puerto. A veces, los puertos pueden estar dañados o no funcionar correctamente.

Reinicia el router o modem: Apaga el router o modem, espera unos segundos y vuelve a encenderlo. Esto puede solucionar algunos problemas de conectividad.

Verifica la configuración de red: Asegúrate de que la configuración de red en tu ordenador esté configurada correctamente. Verifica que la configuración de la dirección IP y el DNS sea correcta.

Siguiendo estos pasos, podrás solucionar la mayoría de los problemas de conectividad de red relacionados con el cableado.

Conflictos de direcciones IP:

Si hay conflictos de direcciones IP en la red, puede haber problemas de conectividad que afecten el acceso a Internet y a otros dispositivos de la red. Los conflictos de direcciones IP se producen cuando dos o más dispositivos en la misma red tienen la misma dirección IP asignada. Para solucionar este problema, sigue los siguientes pasos:

Identifica los dispositivos que tienen direcciones IP duplicadas en la red. Puedes hacer esto accediendo al panel de administración de tu router o utilizando una herramienta de escaneo de red.

Una vez identificados los dispositivos con direcciones IP duplicadas, asigna manualmente una dirección IP única a cada uno de ellos. Para hacer esto, abre el panel de configuración de red en el dispositivo y cambia la configuración de la dirección IP a una dirección única y disponible en la red.

Reinicia el enrutador y los dispositivos afectados para que las nuevas direcciones IP se apliquen correctamente.

Si el problema persiste, verifica que la configuración del enrutador sea la correcta y que no esté asignando automáticamente direcciones IP duplicadas a los dispositivos en la red. También puedes intentar restablecer el enrutador a su configuración predeterminada para eliminar cualquier configuración incorrecta.

Siguiendo estos pasos, deberías poder solucionar los conflictos de direcciones IP y restaurar la conectividad de la red. Si el problema persiste, es posible que debas contactar al proveedor de servicios de Internet o a un técnico de redes para obtener ayuda adicional.

Es importante resolver estos problemas de conectividad y redes para asegurarse de que tu ordenador esté funcionando correctamente. Si experimentas alguno de estos problemas, es importante solucionarlo rápidamente para evitar problemas mayores.

Solución de problemas de Wi-Fi y conexión Ethernet

Tener problemas con la conexión Wi-Fi o Ethernet puede ser frustrante, especialmente si necesitas acceder a Internet para trabajar o para realizar tareas personales. Afortunadamente, la mayoría de los problemas de conexión se pueden solucionar fácilmente con algunas soluciones simples.

Problemas de Wi-Fi

Falta de conexión a Wi-Fi: Si tu dispositivo no se conecta a la red Wi-Fi, puede ser debido a un problema de configuración del enrutador, un problema de hardware o un problema con tu dispositivo.

Solución: Comienza reiniciando tu dispositivo y tu enrutador. Si eso no funciona, verifica la configuración del enrutador y asegúrate de que la red Wi-Fi esté activada y visible. Si todavía no funciona, intenta restablecer la configuración de fábrica del enrutador o comunícate con el proveedor de Internet.

Señal débil: Si la señal de Wi-Fi es débil, puede deberse a la distancia entre tu dispositivo y el enrutador, paredes u otros obstáculos en el camino.

Solución: Asegúrate de estar cerca del enrutador y verifica si hay obstáculos en el camino que puedan estar debilitando la señal. Si es posible, intenta mover el enrutador a una ubicación central para mejorar la señal.

Problemas de autenticación: Si tu dispositivo no puede conectarse a una red Wi-Fi protegida, es posible que estés ingresando la contraseña incorrecta o que haya un problema con la configuración de seguridad de la red.

Solución: Verifica que la contraseña que estás ingresando sea la correcta y que la configuración de seguridad de la red sea compatible con tu dispositivo. Si el problema persiste, intenta eliminar la red Wi-Fi y volver a conectarte a ella.

Problemas de Ethernet

Falta de conexión Ethernet: Si tu dispositivo no se conecta a la red Ethernet, puede ser debido a un problema de configuración del enrutador, un problema de hardware o un problema con tu dispositivo.

Solución: Comienza revisando si el cable Ethernet está correctamente conectado tanto en tu dispositivo como en el enrutador. Luego, verifica la configuración del enrutador y asegúrate de que la conexión Ethernet esté activada. Si todavía no funciona, intenta restablecer la configuración de fábrica del enrutador o comunícate con el proveedor de Internet.

Problemas de velocidad: Si la velocidad de conexión Ethernet es lenta, puede deberse a un problema de configuración del enrutador, un problema de hardware o una congestión en la red.

Solución: Verifica que el cable Ethernet esté en buenas condiciones y asegúrate de que la configuración del enrutador sea compatible con tu dispositivo. Si el problema persiste, intenta restablecer la configuración de fábrica del enrutador o comunícate con el proveedor de Internet.

Problemas de autenticación: Si tu dispositivo no puede conectarse a una red Ethernet protegida, es posible que estés ingresando las credenciales incorrectas o que haya un problema con la configuración de seguridad de la red.

Solución: Verifica que las credenciales que estás ingresando sean las correctas y que la configuración de seguridad de la red sea compatible.

Restablecer la configuración de red:

Si has probado todos los pasos anteriores y aún tienes problemas con tu conexión Wi-Fi o Ethernet, puede que sea necesario restablecer la configuración de red. Este proceso restablece todas las configuraciones de red a su estado predeterminado, lo que puede solucionar muchos problemas de conectividad.

Para restablecer la configuración de red en Windows 10, sigue estos pasos:

Haz clic en el botón de Inicio y selecciona Configuración.

Selecciona Red e Internet.

En la sección Estado, desplázate hacia abajo y haz clic en Restablecer configuración de red.

Haz clic en Restablecer ahora y sigue las instrucciones para completar el proceso.

Para restablecer la configuración de red en Windows 11, sigue estos pasos:

Haz clic en el botón de Inicio y selecciona Configuración.

Selecciona Red e Internet.

En la sección Estado, desplázate hacia abajo y haz clic en Restablecer configuración de red.

Haz clic en Restablecer y sigue las instrucciones para completar el proceso.

Ten en cuenta que restablecer la configuración de red borrará todas las contraseñas de red guardadas y tendrás que volver a conectarte a tus redes Wi-Fi o Ethernet. Asegúrate de tener la información de inicio de sesión a mano antes de realizar este proceso.

En resumen, los problemas de Wi-Fi y Ethernet son comunes y pueden ser causados por diversos factores. Desde problemas con el hardware hasta problemas de configuración de red, hay varias razones por las que puedes tener problemas de conectividad. Sin embargo, con estas soluciones comunes, deberías poder solucionar la mayoría de los problemas de conexión a la red.

Configuración de redes y solución de problemas de VPN

La configuración de redes y la solución de problemas de VPN son importantes para asegurar que la conexión a Internet y la privacidad en línea sean confiables y seguras. En esta sección, discutiremos algunos de los problemas más comunes relacionados con la configuración de redes y la VPN, y cómo solucionarlos.

Problemas de configuración de red:

Asegúrate de que los dispositivos estén correctamente conectados a la red y que el cableado esté en buen estado.

Verifica que la dirección IP y la máscara de subred sean correctas para la red a la que se está intentando conectar.

Verifica que el enrutador esté configurado correctamente, incluyendo la asignación de direcciones IP y la configuración del servidor DHCP.

Asegúrate de que no haya conflictos de dirección IP en la red.

Problemas de conexión VPN:

Asegúrate de que la configuración de la VPN sea correcta y que las credenciales de inicio de sesión sean válidas.

Verifica que la conexión a Internet esté estable y que no haya problemas de red.

Asegúrate de que el cortafuegos no esté bloqueando la conexión VPN.

Verifica que la configuración de la VPN esté actualizada y que se estén utilizando los protocolos de seguridad correctos.

Si la VPN no se conecta, intenta reiniciar el dispositivo y el enrutador para solucionar problemas de conexión.

Problemas de velocidad de VPN:

Asegúrate de que el proveedor de VPN tenga servidores cercanos a tu ubicación y que la calidad de la conexión sea alta.

Verifica que no haya problemas de congestión en la red o en el servidor de VPN.

Asegúrate de que la configuración de la VPN esté optimizada para la velocidad y el rendimiento.

Desactiva temporalmente cualquier software de seguridad que pueda estar afectando la velocidad de la conexión VPN.

Problemas de privacidad y seguridad en la VPN:

Asegúrate de que se estén utilizando los protocolos de seguridad correctos y que la VPN esté cifrando correctamente los datos.

Verifica que el proveedor de VPN tenga políticas claras de privacidad y no registre datos de actividad en línea.

Asegúrate de que el dispositivo tenga instalado un software de seguridad actualizado.

Problemas de rendimiento y optimización

Causas comunes de lentitud en Windows 10 y Windows 11

La lentitud en Windows 10 y Windows 11 puede ser causada por una variedad de factores, que van desde problemas de hardware hasta problemas de software. A continuación, se presentan las causas más comunes de la lentitud en Windows 10 y Windows 11, y cómo solucionarlas:

Falta de espacio en el disco duro: Si el disco duro está lleno o cerca de su capacidad máxima, puede causar lentitud en el sistema. La solución es liberar espacio en el disco duro eliminando archivos no necesarios o moviéndolos a una unidad externa.

Infección por malware o virus: Si tu ordenador está infectado con malware o virus, puede afectar el rendimiento del sistema. La solución es ejecutar un análisis completo del sistema con un software antivirus actualizado y eliminar cualquier amenaza detectada.

Controladores obsoletos o incompatibles: Si los controladores de los dispositivos están obsoletos o son incompatibles, pueden causar problemas de rendimiento en el sistema. La solución es actualizar los controladores de los dispositivos a través del Administrador de dispositivos o mediante un software especializado.

Problemas de inicio de sesión y configuración: Si hay varios programas configurados para iniciarse cuando el sistema arranca, puede afectar el rendimiento del sistema. La solución es desactivar los programas innecesarios de inicio y ajustar la configuración del sistema para mejorar el rendimiento.

Problemas de hardware: Si hay problemas con el hardware del sistema, como la falta de memoria

RAM o una unidad de disco duro defectuosa, puede afectar el rendimiento del sistema. La solución es reemplazar o actualizar el hardware defectuoso.

Fragmentación del disco duro: Si el disco duro está fragmentado, puede afectar el rendimiento del sistema. La solución es utilizar la herramienta de desfragmentación de Windows para optimizar el disco duro.

Problemas de configuración de gráficos: Si los ajustes de los gráficos son demasiado altos o la tarjeta gráfica está obsoleta, puede afectar el rendimiento del sistema. La solución es ajustar los ajustes de los gráficos a niveles más bajos o actualizar la tarjeta gráfica.

En conclusión, la lentitud en Windows 10 y Windows 11 puede ser causada por varias razones, pero existen soluciones para cada una de ellas. Al seguir los pasos anteriores, los usuarios pueden mejorar el rendimiento de sus sistemas y tener una experiencia más rápida y fluida.

Herramientas y técnicas para mejorar el rendimiento del sistema

Existen varias herramientas y técnicas que puedes utilizar para mejorar el rendimiento del sistema en Windows 10 y Windows 11. A continuación, te explicaré algunas de las más comunes:

Liberar espacio en disco: Si el disco duro está lleno, el rendimiento del sistema se puede ver afectado. Puedes utilizar la herramienta Liberador de espacio en disco de Windows para eliminar archivos innecesarios, como archivos temporales, archivos de registro y caché de Internet.

Desactivar programas de inicio: Muchos programas se inician automáticamente cuando enciendes el ordenador, lo que puede ralentizar el sistema. Puedes desactivar programas de inicio innecesarios utilizando la herramienta Administrador de tareas de Windows.

Desfragmentar el disco duro: Cuando los archivos están fragmentados en el disco duro, el sistema tarda más en acceder a ellos. Puedes utilizar la herramienta Desfragmentador de disco de Windows para desfragmentar el disco duro y mejorar el rendimiento del sistema.

Actualizar controladores: Los controladores obsoletos pueden causar problemas de rendimiento en el sistema. Puedes actualizar los controladores utilizando la herramienta Administrador de dispositivos de Windows o descargando los controladores más recientes del sitio web del fabricante.

Realizar una limpieza de registro: El registro de Windows es una base de datos que contiene información sobre la configuración del sistema y los programas instalados. Con el tiempo, puede acumularse información innecesaria que ralentiza el sistema. Puedes utilizar herramientas como CCleaner o Wise Registry Cleaner para realizar una limpieza del registro y mejorar el rendimiento del sistema.

Optimizar configuración del sistema: Puedes ajustar la configuración del sistema para mejorar el rendimiento, por ejemplo, ajustando las opciones de energía para que el sistema funcione con un rendimiento máximo. También puedes desactivar efectos visuales innecesarios, ajustar la configuración de la memoria virtual o aumentar la cantidad de memoria RAM del sistema.

Utilizar herramientas de optimización del sistema: Hay varias herramientas de optimización del sistema disponibles, como Advanced SystemCare,

AVG TuneUp y System Mechanic. Estas herramientas pueden ayudarte a realizar todas las tareas anteriores y más de manera automática.

Recuerda que es importante tener cuidado al utilizar herramientas de optimización del sistema y seguir las recomendaciones del fabricante para evitar problemas de compatibilidad o rendimiento. También es recomendable hacer una copia de seguridad del sistema antes de realizar cambios importantes en la configuración o la instalación de nuevas herramientas.

Gestión de programas de inicio y optimización del disco

La gestión de programas de inicio y la optimización del disco son dos herramientas importantes para mejorar el rendimiento del sistema operativo. Aquí te explicaré en detalle cómo funcionan y algunos consejos útiles para optimizarlos.

Gestión de programas de inicio:

Cuando enciendes tu ordenador, algunos programas se ejecutan automáticamente y se cargan en la memoria RAM. Esto puede ralentizar el arranque del sistema y hacer que tu ordenador tarde más en estar listo para su uso. La gestión de programas de inicio te permite controlar qué programas se ejecutan automáticamente al inicio y cuáles no. Para gestionar los programas de inicio en Windows 10 y Windows 11, sigue estos pasos:

Haz clic con el botón derecho del ratón en la barra de tareas y selecciona "Administrador de tareas".

Haz clic en la pestaña "Inicio".

Verás una lista de todos los programas que se ejecutan al inicio. Si quieres deshabilitar alguno de ellos, haz clic con el botón derecho del ratón sobre el programa y selecciona "Deshabilitar".

Es importante tener en cuenta que no todos los programas deben ser deshabilitados. Algunos programas, como los controladores de dispositivos, son necesarios para que el sistema funcione correctamente. Si no estás seguro de qué programas deshabilitar, es mejor dejarlos habilitados o buscar información en línea sobre ellos.

Optimización del disco:

Con el tiempo, los archivos y programas que se instalan y desinstalan en tu ordenador pueden fragmentar tu disco duro, lo que significa que los archivos se guardan en varios lugares en lugar de un lugar continuo. Esto puede ralentizar el acceso a los archivos y hacer que el sistema funcione más lento. La optimización del disco te permite desfragmentar tu disco duro y reorganizar los archivos de forma más eficiente. Para optimizar el disco en Windows 10 y Windows 11, sigue estos pasos:

Haz clic con el botón derecho del ratón en el icono de inicio y selecciona "Explorador de archivos".

Haz clic con el botón derecho del ratón en el disco que quieres optimizar y selecciona "Propiedades".

Selecciona la pestaña "Herramientas".

Haz clic en "Optimizar".

Selecciona el disco que quieres optimizar y haz clic en "Optimizar".

Es importante destacar que la optimización del disco puede tardar bastante tiempo, especialmente si hace mucho que no se ha hecho. También es recomendable cerrar todos los programas abiertos antes de comenzar la optimización. La gestión de programas de inicio y la optimización del disco son dos herramientas importantes para mejorar el rendimiento del sistema operativo. Siguiendo los pasos anteriores, podrás mejorar la velocidad de inicio de tu ordenador y optimizar la organización de tus archivos en el disco duro.

Problemas de software y aplicaciones

Errores comunes de aplicaciones de Windows y soluciones

Existen varios errores comunes que pueden surgir al utilizar aplicaciones de Windows. A continuación, se detallan algunos de los errores más frecuentes y cómo solucionarlos:

Aplicaciones que no responden o se bloquean: Si una aplicación deja de responder o se bloquea, puede deberse a una variedad de factores, como problemas de compatibilidad, errores de software o problemas de hardware. Una solución común para este problema es cerrar la aplicación utilizando el Administrador de tareas y luego reiniciarla. Si el problema persiste, es posible que debas actualizar los controladores de tus dispositivos o reinstalar la aplicación.

Mensajes de error al iniciar una aplicación: Si recibes mensajes de error al intentar iniciar una aplicación, puede ser que falten archivos importantes del sistema, la aplicación no esté actualizada o la configuración del sistema no sea compatible con la aplicación. Una solución común para este problema es actualizar la aplicación a su versión más reciente, reinstalar la aplicación o realizar una actualización del sistema operativo.

Problemas de conexión a Internet: Si una aplicación requiere conexión a Internet y no puede conectarse, puede ser que tengas problemas de conexión a Internet o que el servidor de la aplicación esté experimentando problemas. En este caso, asegúrate de que tu conexión a Internet esté funcionando correctamente y comprueba el estado del servidor de la aplicación.

Problemas con la instalación de la aplicación: Si experimentas problemas al instalar una aplicación, puede deberse a problemas de compatibilidad, falta de espacio en el disco duro o errores en el Registro de Windows. Una solución común para este problema es asegurarte de que tu sistema cumpla con los requisitos de la aplicación, liberar espacio en el disco duro o reparar errores en el Registro de Windows.

Problemas con la actualización de la aplicación: Si la actualización de una aplicación falla o no se completa, puede ser que la conexión a Internet sea lenta o que haya problemas con el servidor de actualización de la aplicación. En este caso, asegúrate de que tu conexión a Internet sea estable y comprueba el estado del servidor de actualización de la aplicación.

En general, es importante mantener las aplicaciones de Windows actualizadas a su última versión, ya que esto puede ayudar a solucionar muchos problemas comunes. También puedes intentar ejecutar las aplicaciones en modo de compatibilidad o como administrador, lo que puede ayudar a resolver problemas de compatibilidad. Si los problemas persisten, es posible que debas buscar ayuda en línea o contactar al soporte técnico de la aplicación para obtener asistencia adicional.

Solución de problemas con la Microsoft Store y las aplicaciones de la tienda

La Microsoft Store es la tienda de aplicaciones de Windows 10 y Windows 11, donde puedes descargar una variedad de aplicaciones y juegos. Sin embargo, a veces puedes experimentar problemas con la Microsoft Store y las aplicaciones descargadas. En esta sección, hablaremos sobre los problemas más comunes y cómo solucionarlos.

No se pueden descargar aplicaciones: Si no puedes descargar aplicaciones desde la Microsoft Store, asegúrate de que tu ordenador esté conectado a Internet y que la conexión sea estable. También puedes intentar reiniciar la tienda o tu ordenador. Si el problema persiste, intenta restablecer la caché de la tienda o verifica si hay actualizaciones de Windows disponibles.

La descarga se detiene o se congela: Si la descarga se detiene o se congela en la mitad, intenta pausar y reanudar la descarga. Si eso no funciona, intenta borrar la caché de la tienda o restablecerla. Si el problema persiste, verifica si hay actualizaciones de Windows disponibles o intenta cambiar la configuración de red.

Las aplicaciones no se abren o se cierran inesperadamente: Si las aplicaciones de la tienda no se abren o se cierran inesperadamente, intenta reiniciar la tienda o tu ordenador. Si eso no funciona, intenta restablecer la caché de la tienda o verifica si hay actualizaciones de Windows disponibles. También puedes intentar ejecutar el Solucionador de problemas de aplicaciones de Windows.

Las aplicaciones se ejecutan lentamente: Si las aplicaciones de la tienda se ejecutan lentamente, asegúrate de que tu ordenador cumpla con los requisitos mínimos de sistema para la aplicación. También puedes intentar actualizar los controladores de tu dispositivo o ajustar la configuración de rendimiento en la Configuración de Windows.

Problemas de instalación o actualización: Si experimentas problemas al instalar o actualizar aplicaciones de la tienda, intenta reiniciar la tienda o tu ordenador. También puedes intentar restablecer la caché de la tienda o verificar si hay actualizaciones de Windows disponibles. Si el problema persiste, intenta cambiar la configuración de red o ejecutar el Solucionador de problemas de aplicaciones de Windows.

En general, la mayoría de los problemas con la Microsoft Store y las aplicaciones de la tienda se pueden solucionar reiniciando la tienda o el ordenador, restableciendo la caché de la tienda o verificando si hay actualizaciones de Windows disponibles. Si estos métodos no funcionan, puedes intentar ejecutar el Solucionador de problemas de aplicaciones de Windows o buscar ayuda en los foros de Microsoft.

Problemas de seguridad y privacidad

Los problemas de seguridad y privacidad son una preocupación importante para los usuarios de Windows 10 y 11. Aquí te presentamos algunos de los problemas más frecuentes y cómo solucionarlos:

Virus y malware: Los virus y malware son programas maliciosos que pueden dañar el sistema operativo, robar información personal y comprometer la seguridad del equipo. Para prevenir estos problemas, es importante tener instalado un software antivirus y mantenerlo actualizado. Además, se deben evitar descargar programas de sitios web no confiables y evitar abrir correos electrónicos de remitentes desconocidos.

Contraseñas débiles: Las contraseñas débiles son una de las principales causas de vulnerabilidades en la seguridad del sistema operativo. Para solucionar este problema, es recomendable utilizar contraseñas seguras que combinen letras, números y símbolos. Además, se deben cambiar las contraseñas regularmente y no utilizar la misma contraseña para múltiples cuentas.

Actualizaciones de seguridad: Las actualizaciones de seguridad son importantes para mantener el sistema operativo protegido contra posibles amenazas. Es importante mantener el sistema operativo actualizado y permitir que se descarguen e instalen las actualizaciones de seguridad de manera automática.

Privacidad: La privacidad es un problema importante en el mundo digital actual. Es importante tener cuidado al compartir información personal en línea y asegurarse de que la configuración de privacidad en el sistema operativo esté correctamente configurada. Además, es importante evitar instalar programas desconocidos y tener precaución al descargar archivos adjuntos en correos electrónicos.

Phishing y estafas en línea: Los ataques de phishing y estafas en línea son comunes y pueden comprometer la seguridad y privacidad del usuario. Es importante ser consciente de las posibles señales de phishing, como correos electrónicos sospechosos y enlaces que parecen ser legítimos. Además, se deben evitar compartir información personal en línea y tener precaución al descargar archivos adjuntos en correos electrónicos.

Para mantener el sistema operativo seguro y protegido, es importante ser consciente de estos problemas de seguridad y privacidad y tomar medidas preventivas para evitarlos.

Configuración de seguridad y privacidad en Windows 10 y Windows 11

Algunos consejos para configurar la seguridad y privacidad en Windows 10 y Windows 11:

Mantén tu sistema operativo actualizado: Las actualizaciones de seguridad de Windows contienen correcciones para las vulnerabilidades del sistema, por lo que es importante mantener tu sistema operativo actualizado para mantenerlo seguro.

Utiliza software antivirus: Instala un buen software antivirus y mantenlo actualizado para proteger tu ordenador contra virus, malware y otras amenazas.

Configura el Firewall de Windows: El Firewall de Windows es una herramienta de seguridad que ayuda a bloquear los ataques de hackers y malware. Asegúrate de que esté activado y configurado correctamente.

Usa contraseñas seguras: Usa contraseñas seguras y únicas para todas tus cuentas. Evita usar la misma contraseña para varias cuentas y cambia tus contraseñas regularmente.

Activa la autenticación de dos factores: La autenticación de dos factores agrega una capa adicional de seguridad a tus cuentas. Habilita esta función siempre que sea posible.

Configura la privacidad de tus aplicaciones: Revisa las configuraciones de privacidad de tus aplicaciones para asegurarte de que no estén compartiendo más información de la necesaria. Limita el acceso a tu información personal siempre que sea posible.

Usa una conexión segura: Asegúrate de utilizar una conexión segura a Internet cuando ingreses información confidencial. Usa sitios web con el protocolo "https://" y evita conectarte a redes públicas no seguras.

Configura el control parental: Si tienes niños, configura el control parental para limitar su acceso a contenido inapropiado o peligroso en línea.

Recuerda que estos son solo algunos consejos básicos para mejorar la seguridad y privacidad de tu ordenador. Es importante mantenerse informado y actualizado sobre las últimas amenazas de seguridad y técnicas de protección para asegurarte de que estás tomando las medidas necesarias para proteger tus datos y tu privacidad.

Solución de problemas de antivirus y firewall

Los antivirus y firewalls son programas de seguridad esenciales que protegen tu ordenador contra amenazas en línea. Sin embargo, en ocasiones pueden surgir problemas que afecten su rendimiento o capacidad para detectar y eliminar amenazas. A continuación, se presentan algunos de los problemas más comunes que pueden surgir con los antivirus y firewalls, junto con sus soluciones:

Problemas de compatibilidad: Algunos antivirus o firewalls pueden tener problemas de compatibilidad con otros programas instalados en tu ordenador, lo que puede provocar conflictos y fallos en el sistema.

Solución: Verifica la compatibilidad del software de seguridad con otros programas instalados y actualiza el software a la versión más reciente. Si el problema persiste, desinstala el software y vuelve a instalarlo.

Problemas de actualización: A veces, los antivirus o firewalls no se actualizan correctamente, lo que puede dejar tu ordenador vulnerable a nuevas amenazas.

Solución: Asegúrate de tener configuradas las opciones de actualización automática del software de seguridad. Si el problema persiste, intenta actualizar el software manualmente desde el sitio web del proveedor.

Problemas de configuración: Una configuración incorrecta del antivirus o firewall puede afectar su rendimiento y capacidad para detectar amenazas.

Solución: Verifica las opciones de configuración del software de seguridad y asegúrate de que estén configuradas correctamente para tu sistema operativo y necesidades de seguridad.

Falsos positivos: Los antivirus o firewalls pueden identificar erróneamente archivos o programas legítimos como amenazas, lo que puede causar problemas para su funcionamiento.

Solución: Configura el software de seguridad para que ignore archivos o programas específicos que sean legítimos y no representen una amenaza.

Problemas de rendimiento: El antivirus o firewall puede afectar el rendimiento del sistema, especialmente si se ejecuta en segundo plano y consume muchos recursos.

Solución: Verifica la configuración del software de seguridad y ajusta las opciones para optimizar su rendimiento, como reducir la frecuencia de escaneo o configurar el software para que no se ejecute en segundo plano cuando no es necesario.

En general, es importante asegurarse de tener instalado un software de seguridad confiable y actualizarlo regularmente para proteger tu ordenador contra amenazas en línea. Si surgen problemas con el software, las soluciones anteriores deben ayudarte a solucionarlos de manera efectiva.

Personalización y apariencia

Cómo personalizar el escritorio, el menú de inicio y la barra de tareas

Personalizar el escritorio, el menú de inicio y la barra de tareas en Windows 10 y Windows 11 es una excelente manera de hacer que tu experiencia de usuario sea más agradable y productiva. Aquí te presento algunos consejos para personalizar estos elementos:

Escritorio:

El escritorio es donde puedes colocar tus accesos directos y archivos más importantes. Puedes personalizar el fondo de pantalla, la posición y tamaño de los iconos, y la disposición de los elementos en el escritorio. Para hacerlo, haz clic derecho en cualquier lugar del escritorio y selecciona "Personalizar". Desde allí, puedes seleccionar un nuevo fondo de pantalla, cambiar la posición y tamaño de los iconos, y más.

Menú de inicio:

El menú de inicio es donde puedes encontrar todas tus aplicaciones y archivos. Puedes personalizarlo de varias maneras, como agregar o eliminar aplicaciones, cambiar la apariencia del menú y más. Para personalizar el menú de inicio, haz clic en el botón de inicio y luego en "Configuración". Desde allí, puedes cambiar la apariencia del menú de inicio, agregar o eliminar aplicaciones y más.

Barra de tareas:

La barra de tareas es donde puedes encontrar todas las aplicaciones abiertas, el reloj y otros elementos importantes. Puedes personalizar la barra de tareas de varias maneras, como agregar o eliminar elementos, cambiar el tamaño y la posición, y más. Para personalizar la barra de tareas, haz clic derecho en cualquier lugar de la barra de tareas y selecciona "Configuración de la barra de tareas". Desde allí, puedes cambiar la posición, tamaño y más.

En resumen, personalizar el escritorio, el menú de inicio y la barra de tareas en Windows 10 y Windows 11 es muy fácil y puede hacer que tu experiencia de usuario sea más agradable y productiva. Sigue estos consejos y personaliza tu ordenador a tu gusto.

Trucos para mejorar la apariencia de Windows 10 y Windows 11

Aquí te presento algunos trucos para mejorar la apariencia de Windows 10 y Windows 11:

Cambiar el fondo de pantalla: Puedes cambiar el fondo de pantalla de tu escritorio para personalizarlo. Para hacerlo, haz clic derecho en el escritorio, selecciona "Personalizar" y luego "Fondo de escritorio". Aquí podrás elegir una imagen o incluso un diaporama de varias imágenes.

Cambiar los colores del sistema: Puedes personalizar los colores del sistema para que se ajusten a tus preferencias. Para hacerlo, ve a "Configuración" y selecciona "Personalización".

Aquí encontrarás opciones para cambiar el color de acento, el color de la barra de tareas y más.

Usar temas personalizados: Windows 10 y Windows 11 ofrecen una amplia variedad de temas personalizados para descargar. Puedes encontrarlos en la Microsoft Store o en otros sitios web de terceros. Estos temas cambian la apariencia de tu escritorio, incluyendo el fondo de pantalla, los colores del sistema y los iconos.

Personalizar los iconos: Puedes cambiar los iconos predeterminados de Windows por otros personalizados. Para hacerlo, haz clic derecho en el escritorio, selecciona "Personalizar" y luego "Temas". Aquí encontrarás una opción para cambiar los iconos.

Usar efectos de transparencia: Windows 10 y Windows 11 tienen efectos de transparencia en la barra de tareas y en las ventanas de las aplicaciones. Puedes ajustar la intensidad de estos efectos en la sección "Personalización" de la configuración.

Cambiar la ubicación de la barra de tareas: Puedes mover la barra de tareas a la parte inferior, superior o lateral de la pantalla. Para hacerlo, haz clic derecho en la barra de tareas y selecciona "Configuración de la barra de tareas". Aquí encontrarás la opción para cambiar la ubicación.

Personalizar el menú de inicio: Puedes personalizar el menú de inicio de Windows 10 y Windows 11 para que muestre las aplicaciones que más usas. Haz clic derecho en una aplicación y selecciona "Anclar al inicio" para agregarla al menú de inicio. También puedes arrastrar y soltar aplicaciones en el menú de inicio para reorganizarlas.

¡Espero que estos trucos te ayuden a personalizar tu experiencia en Windows 10 y Windows 11!

Solución de problemas avanzada

Uso del símbolo del sistema y PowerShell para solucionar problemas

Tanto el Símbolo del sistema como PowerShell son herramientas útiles en Windows para solucionar problemas y realizar tareas avanzadas. Ambas aplicaciones permiten al usuario ejecutar comandos y scripts que pueden realizar tareas que no son posibles o son difíciles de realizar a través de la interfaz gráfica de usuario.

En términos de solución de problemas, estas herramientas son especialmente útiles para resolver errores relacionados con el sistema operativo, como problemas de red, problemas de disco y problemas de inicio, entre otros.

A continuación, se presentan algunos ejemplos de errores comunes que se pueden solucionar con el Símbolo del sistema o PowerShell:

Error de actualización de Windows: Si una actualización de Windows no se instala correctamente o genera un error, se puede utilizar el Símbolo del sistema o PowerShell para ejecutar comandos de reparación y solucionar el problema.

Problemas de red: Si hay problemas de conectividad de red, se pueden utilizar comandos del Símbolo del sistema o PowerShell para reiniciar la conexión, limpiar la caché de DNS y solucionar otros problemas de red.

Problemas de inicio: Si el sistema operativo no se inicia correctamente, se puede utilizar el Símbolo del sistema o PowerShell para ejecutar comandos de reparación del sistema de arranque.

Problemas de disco: Si hay problemas con el disco duro, se pueden utilizar comandos de diagnóstico y reparación del disco en el Símbolo del sistema o PowerShell para solucionar el problema.

El Símbolo del sistema y PowerShell son herramientas poderosas para solucionar problemas y realizar tareas avanzadas en Windows. Se recomienda que los usuarios aprendan a utilizar estas herramientas para solucionar problemas y realizar tareas avanzadas en su sistema operativo. Sin embargo, es importante tener precaución y seguir las instrucciones cuidadosamente para evitar daños al sistema operativo.

Aquí te proporciono algunos ejemplos de comandos útiles para solucionar problemas comunes en el símbolo del sistema o PowerShell:

Para reparar archivos del sistema dañados: sfc /scannow

Para reparar errores del disco duro: chkdsk /f

Para reparar el registro de sistema: DISM /Online /Cleanup-Image /RestoreHealth

Para reparar el arranque de Windows: bootrec /fixboot

Para solucionar problemas de conectividad: ipconfig /release (para liberar la dirección IP) y ipconfig /renew (para renovar la dirección IP)

Para restablecer la configuración de red: netsh winsock reset

Para restablecer la configuración de TCP/IP: netsh int ip reset

Para restablecer la configuración de la caché DNS: ipconfig /flushdns

Ten en cuenta que algunos de estos comandos requieren permisos de administrador para ejecutarse correctamente. Además, es importante tener cuidado al usar estos comandos y seguir las instrucciones con atención. Si no estás seguro de cómo utilizar un comando específico, es mejor buscar ayuda de un profesional o de fuentes confiables en línea.

Cómo utilizar el modo seguro y otras herramientas de recuperación

El modo seguro y otras herramientas de recuperación son herramientas valiosas que pueden ayudarte a solucionar problemas de tu ordenador. El modo seguro es una forma de iniciar Windows con un conjunto mínimo de controladores y servicios, lo que permite solucionar problemas sin la interferencia de programas de terceros. Otras herramientas de recuperación, como Restaurar sistema y Reparación de inicio, pueden ayudarte a solucionar problemas de arranque y otros problemas del sistema.

Para acceder al modo seguro en Windows 10 y Windows 11, sigue estos pasos:

Haz clic en el botón Inicio o presiona la tecla Windows en tu teclado.

Mantén presionada la tecla Shift y haz clic en Reiniciar.

En la pantalla de opciones avanzadas, haz clic en Solucionar problemas.

Luego, haz clic en Opciones avanzadas.

Selecciona Configuración de inicio y luego haz clic en Reiniciar.

En la pantalla de opciones de inicio, selecciona Modo seguro o Modo seguro con funciones de red y luego presiona Enter.

Una vez que estés en modo seguro, puedes solucionar problemas de varias maneras. Si estás experimentando problemas de software, como errores de pantalla azul o problemas de rendimiento, puedes desinstalar programas problemáticos o actualizar controladores. También puedes realizar un análisis de virus o malware utilizando tu software de seguridad.

Otra herramienta de recuperación útil es la Restauración del sistema. Esta herramienta te permite volver a un estado anterior del sistema, lo que puede solucionar muchos problemas de software y hardware. Para utilizar la Restauración del sistema, sigue estos pasos:

Haz clic en el botón Inicio o presiona la tecla Windows en tu teclado.

Escribe "Restauración del sistema" y selecciona el resultado.

Haz clic en Siguiente y selecciona un punto de restauración anterior.

Sigue las instrucciones en pantalla para completar la restauración del sistema.

La Reparación de inicio es otra herramienta de recuperación útil que puedes utilizar si estás experimentando problemas de arranque. Esta herramienta intentará reparar problemas en los archivos del sistema y otros problemas relacionados con el arranque. Para utilizar la Reparación de inicio, sigue estos pasos:

Accede a las opciones de recuperación avanzadas como se describió anteriormente.

Haz clic en Solucionar problemas y luego en Opciones avanzadas.

Selecciona Reparación de inicio y sigue las instrucciones en pantalla.

Además del modo seguro, la Restauración del sistema y la Reparación de inicio, también hay otras herramientas de recuperación que puedes utilizar en Windows, como la Herramienta de comprobación de archivos del sistema (SFC) y la Utilidad de configuración del sistema (MSCONFIG). Estas herramientas pueden ayudarte a solucionar problemas de archivos del sistema, problemas de inicio y otros problemas del sistema.

En resumen, si estás experimentando problemas con tu ordenador, las herramientas de recuperación pueden ayudarte a solucionarlos. Desde el modo seguro hasta la Restauración del sistema y la Reparación de inicio, estas herramientas son fáciles de usar y pueden solucionar muchos problemas comunes del sistema. Asegúrate de explorar todas las opciones disponibles para solucionar problemas y restaurar tu sistema a un estado saludable.

Mantenimiento y copias de seguridad

Cómo realizar copias de seguridad y restaurar datos en Windows 10 y Windows 11

Realizar copias de seguridad y restaurar datos en Windows 10 y Windows 11 es una tarea esencial para cualquier usuario, ya que los datos importantes pueden perderse por diversas razones, como errores del sistema, fallas en el hardware, malware, errores humanos, entre otros. Afortunadamente, Windows ofrece varias herramientas y opciones para realizar copias de seguridad y restaurar datos.

Una de las formas más comunes de realizar una copia de seguridad es utilizando la herramienta de copia de seguridad integrada en Windows. Para hacer esto, sigue los siguientes pasos:

Abre el menú Inicio y busca "Copias de seguridad".

Haz clic en "Configurar copia de seguridad".

Selecciona la unidad donde deseas guardar la copia de seguridad y haz clic en "Siguiente".

Selecciona los archivos y carpetas que deseas incluir en la copia de seguridad. Puedes elegir entre las opciones recomendadas o seleccionar las carpetas y archivos manualmente.

Haz clic en "Siguiente" y luego en "Guardar configuración y ejecutar copia de seguridad" para iniciar la copia de seguridad.

Otra forma de realizar una copia de seguridad es utilizando un software de copia de seguridad de terceros. Hay muchas opciones disponibles, algunas gratuitas y otras de pago. Es importante leer las reseñas y comparar las características antes de elegir una opción.

Para restaurar datos desde una copia de seguridad, sigue los siguientes pasos:

Abre el menú Inicio y busca "Copia de seguridad y restauración".

Haz clic en "Restaurar mis archivos" o "Restaurar todo el sistema".

Sigue las instrucciones en pantalla para seleccionar la ubicación de la copia de seguridad y los archivos que deseas restaurar.

Además de la herramienta de copia de seguridad, Windows también ofrece otras herramientas de recuperación, como el modo de recuperación, la restauración del sistema y la reparación automática. Estas herramientas pueden ayudarte a solucionar problemas y restaurar el sistema en caso de fallas o errores.

El modo de recuperación es una opción de arranque avanzada que permite acceder a herramientas de solución de problemas, como la reparación de inicio, la restauración del sistema y la línea de comandos. Para acceder al modo de recuperación, sigue estos pasos:

Reinicia el ordenador y presiona la tecla F8 varias veces antes de que aparezca la pantalla de inicio de Windows.

Selecciona "Solucionar problemas" y luego "Opciones avanzadas".

Selecciona la herramienta de solución de problemas que deseas utilizar.

La restauración del sistema es otra herramienta útil que permite revertir el sistema a un estado anterior en caso de errores o fallas. Para utilizar la restauración del sistema, sigue estos pasos:

Abre el menú Inicio y busca "Restaurar sistema".

Selecciona "Elegir un punto de restauración diferente" y luego "Siguiente".

Selecciona un punto de restauración en el que desees restaurar el sistema y haz clic en "Siguiente" y "Finalizar" para iniciar la restauración.

La reparación automática es una herramienta que se ejecuta automáticamente cuando el sistema detecta un problema en el arranque. La reparación automática intentará solucionar el problema automáticamente y, si no puede hacerlo, proporcionará opciones de solución de problemas.

Herramientas y técnicas para el mantenimiento preventivo del sistema

El mantenimiento preventivo del sistema es una práctica importante para garantizar que tu ordenador funcione de manera óptima y evitar problemas de rendimiento y seguridad. En este sentido, existen varias herramientas y técnicas que puedes utilizar para llevar a cabo un mantenimiento preventivo eficaz en tu sistema.

Utiliza el Limpiador de disco: El Limpiador de disco es una herramienta integrada en Windows que te permite eliminar archivos temporales y otros archivos innecesarios que ocupan espacio en el disco duro. Para acceder al Limpiador de disco, haz clic derecho en el disco duro que deseas limpiar, selecciona "Propiedades" y luego haz clic en el botón "Limpiar disco".

Desinstala programas no utilizados: Es importante desinstalar programas que ya no utilizas para liberar espacio en el disco duro y evitar que consuman recursos del sistema. Para desinstalar un programa, ve a Configuración > Aplicaciones y características, selecciona el programa que deseas desinstalar y haz clic en "Desinstalar".

Utiliza el Administrador de tareas: El Administrador de tareas te permite ver qué programas y procesos están ejecutándose en segundo plano y cómo afectan al rendimiento del sistema. Puedes acceder al Administrador de tareas presionando Ctrl + Shift + Esc o haciendo clic derecho en la barra de tareas y seleccionando "Administrador de tareas".

Actualiza los controladores de dispositivos: Los controladores de dispositivos son esenciales para el funcionamiento de hardware como la tarjeta gráfica, el audio y la red. Asegúrate de mantener los controladores actualizados para garantizar un rendimiento óptimo y resolver problemas de compatibilidad. Puedes actualizar los controladores desde el Administrador de dispositivos o descargando los controladores más recientes desde el sitio web del fabricante.

Ejecuta regularmente un análisis antivirus: Un buen software antivirus es esencial para proteger tu sistema contra virus y malware. Asegúrate de mantener tu software antivirus actualizado y realiza análisis regulares del sistema para detectar y eliminar cualquier amenaza.

Realiza copias de seguridad regulares: Las copias de seguridad son una medida preventiva importante en caso de que ocurra una falla del sistema o se produzca una pérdida de datos. Utiliza una herramienta de copia de seguridad integrada en Windows o una aplicación de terceros para realizar copias de seguridad regulares de tus archivos importantes.

Utiliza la restauración del sistema: La Restauración del sistema es una herramienta que te permite volver a un punto anterior en el tiempo en caso de problemas de software o configuración del sistema. Asegúrate de tener la Restauración del sistema activada y crea puntos de restauración regularmente.

En resumen, estas son solo algunas de las herramientas y técnicas que puedes utilizar para llevar a cabo un mantenimiento preventivo efectivo en tu sistema. Recuerda que la prevención es clave para mantener un sistema seguro y en buen funcionamiento.

Consejos y trucos adicionales

Atajos de teclado útiles

Aquí te dejo una lista de atajos de teclado útiles en Windows 10 y 11:

Ctrl + C: Copiar

Ctrl + X: Cortar

Ctrl + V: Pegar

Ctrl + Z: Deshacer

Ctrl + Y: Rehacer

Ctrl + A: Seleccionar todo

Ctrl + F: Buscar

Alt + Tab: Cambiar entre aplicaciones abiertas

Windows + D: Mostrar escritorio

Windows + E: Abrir el Explorador de archivos

Windows + I: Abrir Configuración

Windows + L: Bloquear la pantalla

Windows + R: Abrir la ventana Ejecutar

Windows + S: Abrir la búsqueda de Windows

Windows + X: Abrir el menú contextual de inicio rápido

Windows + Pausa: Abrir la ventana de información del sistema

Ctrl + Shift + Esc: Abrir el Administrador de tareas

Ctrl + Alt + Supr: Acceder al menú de opciones de seguridad

Windows + Shift + S: Capturar una parte de la pantalla

Windows + PrtScn: Capturar la pantalla completa y guardarla automáticamente

Windows + Shift + Flecha izquierda/derecha: Mover una ventana de un monitor a otro en un sistema con varios monitores

Ctrl + Shift + T: Abrir la última pestaña cerrada en un navegador web

Ctrl + Shift + N: Crear una nueva carpeta en el Explorador de archivos

F2: Cambiar el nombre de un archivo o carpeta seleccionada

Alt + F4: Cerrar la aplicación actual

Ctrl + Alt + Del: Acceder al menú de opciones de seguridad

Estos son solo algunos de los atajos de teclado útiles disponibles en Windows. Puedes consultar más en la sección de ayuda del sistema operativo.

Aplicaciones y herramientas recomendadas

Hay una gran cantidad de aplicaciones y herramientas disponibles para Windows 10 y Windows 11, y cada usuario tiene necesidades y preferencias específicas. A continuación, se presentan algunas herramientas y aplicaciones recomendadas que pueden resultar útiles para una variedad de tareas:

CCleaner: una herramienta de limpieza de PC que puede eliminar archivos temporales, cookies, historial de navegación y otros datos no deseados para mejorar el rendimiento del sistema.

Malwarebytes: un programa antivirus que puede detectar y eliminar malware y otros programas maliciosos del sistema.

VLC Media Player: un reproductor multimedia gratuito y de código abierto que puede reproducir una amplia variedad de formatos de archivo de audio y video.

Google Chrome o Mozilla Firefox: navegadores web populares que ofrecen una amplia gama de funciones y extensiones para personalizar la experiencia de navegación.

Microsoft Office o Google Workspace: suites de productividad que incluyen herramientas de procesamiento de texto, hojas de cálculo, presentaciones y correo electrónico.

Dropbox o Google Drive: servicios de almacenamiento en la nube que permiten a los usuarios acceder y compartir archivos desde cualquier lugar con una conexión a Internet.

Adobe Creative Cloud: una colección de aplicaciones de diseño y creatividad, incluyendo Photoshop, Illustrator y Premiere Pro.

Microsoft Teams o Zoom: aplicaciones de comunicación y colaboración en línea que permiten a los usuarios realizar reuniones virtuales, compartir pantallas y colaborar en tiempo real.

7-Zip: una herramienta de compresión de archivos gratuita que puede comprimir y descomprimir una variedad de formatos de archivo.

Notepad++: un editor de texto gratuito y de código abierto que incluye funciones avanzadas como resaltado de sintaxis y búsqueda y reemplazo de texto.

Estas son solo algunas de las muchas herramientas y aplicaciones disponibles para Windows 10 y Windows 11. Es importante investigar y elegir las herramientas que mejor se adapten a las necesidades y preferencias personales de cada usuario.

Notificaciones molestas

Si estás experimentando notificaciones molestas en Google Chrome que se abren sin parar, hay algunas medidas que puedes tomar para eliminarlas. Aquí te explicamos paso a paso cómo hacerlo:

Abre Google Chrome en tu ordenador y haz clic en los tres puntos verticales en la esquina superior derecha de la pantalla.

En el menú desplegable que se abre, selecciona "Configuración".

Desplázate hacia abajo y haz clic en "Avanzado" para ver más opciones.

En la sección "Privacidad y seguridad", haz clic en "Configuración de contenido".

Busca la sección "Notificaciones" y haz clic en "Notificaciones".

En la parte superior de la pantalla, busca la opción "Preguntar antes de enviar (recomendado)" y asegúrate de que esté activada.

Desplázate hacia abajo para ver las notificaciones permitidas. Busca cualquier sitio web que te esté mostrando notificaciones molestas y haz clic en el botón de tres puntos al lado del nombre del sitio web.

En el menú desplegable que se abre, selecciona "Eliminar".

Si quieres bloquear todas las notificaciones de un sitio web en el futuro, haz clic en el interruptor a la derecha del nombre del sitio web para desactivar las notificaciones.

Repite este proceso para cualquier sitio web que te esté mostrando notificaciones molestas.

Siguiendo estos pasos, deberías poder eliminar las notificaciones molestas que se abren sin parar en Google Chrome. Recuerda que también puedes cambiar la configuración de notificaciones para bloquear todas las notificaciones de sitios web en el futuro o para recibir notificaciones solo de sitios web en los que confíes.

Conclusión

En conclusión, espero que hayas encontrado este libro sobre Windows 10 y Windows 11 útil y útil para solucionar problemas y mejorar tu experiencia informática. Como hemos visto, hay muchos errores y problemas comunes que pueden surgir en el sistema operativo, pero con las herramientas y técnicas adecuadas, puedes resolverlos rápidamente.

También espero que hayas disfrutado de los consejos y trucos para personalizar y mejorar la apariencia de Windows, y que hayas encontrado útiles las recomendaciones de aplicaciones y herramientas.

Gracias por tomarse el tiempo para leer este libro y espero que haya sido útil para ti. Si tienes algún comentario o sugerencia, no dudes en hacérmelo saber. Buena suerte en tus aventuras informáticas y espero que sigas explorando y aprendiendo más sobre Windows 10 y Windows 11.